乾隆皇帝带你游故宫

司俊峰◎著

故宫出版社

图书在版编目（CIP）数据

乾隆皇帝带你游故宫 / 司俊峰著. —北京：故宫出版社, 2020.5

ISBN 978-7-5134-1300-8

Ⅰ.①乾… Ⅱ.①司… Ⅲ.①故宫－北京－通俗读物
Ⅳ.①K928.74-49

中国版本图书馆CIP数据核字（2020）第081800号

乾隆皇帝带你游故宫

司俊峰◎著

出 版 人：王亚民
责任编辑：贺莎莎
装帧设计：王 梓 杨青青
出版发行：故宫出版社
地址：北京市东城区景山前街4号 邮编：100009
电话：010-85007808 010-85007816
传真：010-65129479
制 版：北京印艺启航文化发展有限公司
印 刷：北京启航东方印刷有限公司
开 本：889毫米×1194毫米 1/32
印 张：6.5
字 数：75千字
版 次：2020年5月第1版
2020年5月第1次印刷
印 数：1～5000册
书 号：ISBN 978-7-5134-1300-8
定 价：36.00元

目　录

前　言

在故宫讲解十多年，我发现想把故宫讲好就得请“高人”，请谁呢？当然可以约各行专家，也可以邀历届院长。但这次我把曾经的皇帝搬出来了。为什么是皇帝？大家想想，宫殿是他家的房子，文物是他家的宝贝，介绍自己的家没有比主人更合适的了。

让皇帝来当讲解岂不是天方夜谭？其实错综复杂的历史曾经造就过这样的机缘。20 世纪 50 年代，末代皇帝溥仪在狱中接受新中国的改造，组织上曾安排他和其他战犯参观新时期的社会主义建设成果，其中一站就是故宫博物院。自 1924 年一别，已时隔三十年，曾经的“末代皇帝”再次踏进这座皇宫，他一定是百感交集……至于溥仪是如何讲解的，就没有资料记录下来了，但我们可以想象，当时的场景应该还是挺让人新奇和兴奋的。

本书中给大家讲解紫禁城的是乾隆皇帝，他要比溥仪腕儿大得多。乾隆有着近六十四年的超长的统治时间，又处在“后人无以复加”的康乾盛世，这让他有足够的自信和详实的内容来展示这个家。但作为生活在 18 世纪的帝王，他不可能有“现身说法”的机会，好在他留下了四万多首御制诗，以这种特别的方式向我们讲述了他的一生。本书即是摘录其中与紫禁城相关的内容，并按参观路线顺序整理，每座宫殿的故事均出自当事人乾隆之“手”，这其中的信息应是游客参观和导游讲解的有益补充。

再多说一句，这位皇帝架子大，有点摆谱儿，有学问，他不讲大白话，全是吟诗。还请大家顾及他在这儿当过皇帝的面儿上，阅读时有点耐心，多多理解。

一

午门献俘

乾隆朝可从不在午门斩首杀人！

一说到午门，早年间的人们顺嘴就会说出来“推出午门斩首”！可是对于现在的年轻人来说就太陌生了，在皇宫大门口杀人？刚开始介绍故宫就要说杀人的事情吗？这也真是挺无奈的，午门是这里的第一道景观，偏偏又有这样的一种说法。无论有或没有，杀人的事情总要在这里第一时间交代。

古代有种廷杖的刑罚，明朝时候，朝堂之上触怒皇帝的大臣受刑时会被拉到午门外杖打，真有给打死的，但并非是斩首。

乾隆朝的《通鉴辑览》一书里记述了前朝这样一件事。明朝大臣石星，官拜给事中，对于皇帝德行以及朝政得失皆有建言之权。明隆庆二年石星上疏，指出皇帝“纵饮娱情声色”，内臣（皇帝身边的太监们）“威福自恣肆无忌惮”。皇帝大怒，命人将石星廷杖。当时监杖的也是太监，结果重杖石星“绝而复苏”（打得背过气去，后来又疼醒了）。

就这件事，乾隆说：

“隆庆堪称明帝良，石星犹谏废朝章。语缘遏抑内官故，廷杖受誉非受殃。”（遏抑：压制。）

乾隆指出明朝昏庸的政策莫过于廷杖一事。隆庆皇帝在明代相对他的父亲嘉靖、儿子万历而言，算是位明君了。但仍有“因一时之怒，循行弊例，遂至奸珰（太监）逞其私愤，

午门献俘场景

流毒缙绅！”

被打了屁股，疼得死去活来，但明朝偏偏有以此为荣者。因为敢触怒圣颜而被廷杖，说明是刚毅耿直之人，往往会获得天下士人的同情。在午门被打过屁股反成了一种荣誉？乾隆有点想不通。乾隆解释道：本朝一洗胜国（被我朝灭亡的国家）诸弊政，从无廷杖言官之事。因此，清朝应该没有廷杖这种制度了。

明清时期都在午门举行过“受俘礼”。特别是像清代乾隆一朝在边疆和少数民族地区发生过许多战况激烈、战事胶着的军事行动。当远方的战事获胜之后，回到紫禁城会举行一个场面恢宏的凯旋仪式，向皇帝进献俘虏。那就是在午门广场上举行的受俘礼。

当时的场景如何呢？是不是受俘礼结束之后，就在午门将俘虏斩首呢？

“白练陈班末，双顽肆市衢。”

“白练”指的就是俘虏，因为俘虏脖子上系着白布。受俘礼当天，皇帝在群臣簇拥下，高高地登临午门城楼之上。俘虏由兵部将校押解着，远远地跪伏在下面的广场中。是杀是赦，遵从皇帝旨意。若要处决，俘虏最后被押往菜市口行刑（明代是押往西市行刑），并示众于街市。诗中的这个“双顽”即指乾隆二十年第一次午门受俘时，两个曾归顺清朝，后又复叛的敌人首领，他们最后被刑部将校从午门押走，就好似所谓的“推出午门斩首”，其实最后是押往菜市口，在“市衢”（即闹市区）杀一儆百。

受俘礼展示了本朝国力的强盛，鼓舞了军民的士气。此

清　乾隆战争场景

外乾隆从证实胜利成果、根绝边疆后患着想，也坚决要求在战场上活捉叛首。

“真首函呈非或首，生人组系是孚人。”

乾隆认为：“孚者，信也；执人以来（指俘虏），其生获实为可信。函首以献（指首级装在匣子里），其真伪原在疑似之间。”远方的战事牵扯国力、民力巨大。又因为战事惨烈、归途遥远，尸身往往难以辨认清楚，一旦敌首趁乱遁逃，日后卷土重来，祸患无穷。当然俘虏被押来，也并非就为了验明正身斩首示众。乾隆二十年第二次午门受俘时，因敌首达瓦齐当时并非主动犯上作乱，乾隆就宽赦了他，没有将其交于刑部，而是令理藩院安置，后封他为亲王，幽禁在了京城。

过年时候圆明园举行的宴请外藩宴会都让他参加了，最后他也得以善终。可见皇帝也是视情况恩威并施。

乾隆有着“十全武功”（这十次主要是发生在边疆地区的战事，平定内乱乾隆并没有算），那是不是意味着在午门至少举行过十次受俘礼呢？有道是“佳兵不祥”，打仗总不是好事。战事的凯旋虽然让乾隆难掩得意之情，但他一直表达着洗兵不用的渴望。乾隆二十五年，朝廷对天山北路的准部战事和天山南路的回部战事结束。此一番西师战事的胜利，使乾隆觉得国家最大的边患已经解决，终于可以靖边止戈、与民休息了。

“从今更愿无斯事，休养吾民共乐康。”

但乾隆三十六年，第二次金川战事爆发（平定四川西部），持续到乾隆四十一年方才平定。乾隆食言了，又在午门举行了一次大规模的受俘礼。这是真正的最后一次。

乾隆一朝“终四举是典”，分别是乾隆二十年六月、十月征准噶尔部各献俘一次、乾隆二十五年平回部献俘一次和乾隆四十一年平金川献俘一次。

尽管之后陆续又发生了“降缅甸、靖台湾、降安南、两受廓尔喀降”，加上之前的第一次“打金川”，合在一起组成了乾隆的“十全武功”，但这些都未曾在午门举行过受俘礼。

二

午门颁朔

皇权的象征

午门现在作为故宫博物院入口，在明清时期是紫禁城正门。皇家中轴线上的门不仅仅是作为出入口，它还承担着许多重要的礼仪功用，比如在这里举行的“颁朔威仪”。

“颁朔”指的是每年一次在午门举行的颁布历书的典礼。由于颁历这个“历”字，到乾隆时要避他“弘历”的名讳，又因为颁布时间大多在农历十月初一，初一即朔日，故改称颁朔。颁朔是皇权的象征。

乾隆说：

“廿五践皇阼，六旬颁宪书。”（宪书：即历书，又称时宪书。）

乾隆朝一共颁了六十年的历书。因为乾隆二十五岁登基时曾焚香告天，说在位满六十年即退位归政当太上皇，不能超过爷爷康熙的六十一年。所以乾隆六十年，朝廷择吉日九月初三公布了皇帝的建储诏书，皇十五子永琰（后改名为颙琰）被立为太子，即后来的嘉庆皇帝。接下来十月初一再要颁朔，即颁布丙辰年历书，那可就是嘉庆元年的了。

“归政丙辰天佑荷，改元嘉庆宪书观。”

嘉庆是位十分懂得孝敬父亲的皇帝，他率王公大臣等恳请太上皇仍用乾隆年号。乾隆很是欣慰，也没有直接推却。

“颁朔从儿同众请，并行百部弗教多。”

乾隆皇帝像

乾隆规定每年可准备乾隆纪年的历书百份，但只是颁赐宫廷及御前亲近王公大臣就可以了。就这样，通行天下的历书俱更新为嘉庆年号，乾隆年号的历书则只用来宫内颁赐。

历书后都附有纪年表，但只录六十年，增一年，就删除最前面的一年。乾隆元年的纪年表最开头是从康熙十六年开始的，接下来还有康熙的四十六个年头加上雍正的十三个年头，到乾隆元年正好记录了六十年。

“独沐天恩厚，深怜雍正除。”

嘉庆元年历书纪年表上已没有雍正的年号了，乾隆在位六十年都占满了。从感情上来说，老乾隆还是深感遗憾的。

颁朔典礼上皇帝不必亲临，但历书必须以皇帝名义颁发。历书的颁布是每一位皇帝对天下行使统治权的重要标志：

“时惟授大君，泽被鹭鸳群。”（大君：天子的别称；鹭鸳群：二鸟群飞有序，代指颁朔典礼上的官员们。）

这意味着他是真命天子，有着授时制历的权力，并以此泽被臣民。其实，历书是由钦天监根据天文历法所编写。颁朔当天钦天监官员在午门外设案陈放历书，王公百官依次于午门外自己跪领。而恭进皇帝、皇太后、皇后的历书经午门中门抬至太和门，再由内务府掌仪司官分别呈进。历书关键是要颁印全天下，各地方政权和边远地区“奉正朔”是维系“大一统”的有效措施。

“九瀛咸奉朔，四海正同文。”

乾隆三十六年，土尔扈特部回归，乾隆三十八年颁朔时就增加了新归顺的土尔扈特部、和硕特汗王等所居之地以及乌里雅苏台附近诸部约二十五处。此外，历书前页要备列各省及外藩诸部节气及日出、日落时刻。如平定伊犁后，皇帝特命精通历法的西洋人和官员去西域诸部测量，以便增入历书颁行。

“春秋无那成今昔，箕毕还因协雨风。”（箕、毕：均为星宿名，据传箕星主风，毕星主雨。）

农事是国脉根本，历书在民间也有着指导百姓农业生产和生活作息的作用。以当时的生产力和科技水平，政府促进农业生产的最大措施也只是兴修水利。对于古代君民来说，人们很大程度上还要祈盼上天的眷顾，即四时的协调。

乾隆一朝赶上风调雨顺的年景不多，特别是北方，用乾隆那略显无奈的话来讲常常是：

“春忧雨之未下，夏忧雨之或过。秋忧岁之不登，冬忧雪之不足。”（登：指丰收。）

天子空有君权神授的威严来驾驭百姓，到了关键时候也只能仰天徒呼奈何。

三

太和门早朝

早朝到底有多早？

早朝即每天拂晓皇帝召见大臣们一起商议政务，又称御门听政。明代御门听政的门是太和门，清代则移到了内廷的正门乾清门。

既然是早朝，那皇帝要起多早呢？

乾隆描述他早起时是：

“银蟾尚余光，莲漏初停箭。”

银蟾即月亮，古人也把月亮叫作蟾宫；莲漏即滴漏，一种古代的计时器。乾隆上早朝时天空中微微还能见到月光，屋里漏壶的水刚刚滴尽。这一切的迹象都表明，早朝是在天拂晓时举行的。

有着至高无上的权力，皇上也要起这么早？没错，乾隆很自律。因为对待早朝是何种态度，自古以来就是评判一个皇帝贤明与否的标准。

“周公古元哲，犹坐以待旦。”

一般认为早朝始于西周，作为一种制度，它一直延续了三千多年，乾隆严格要求自己向古代先哲看齐。周公是西周初期杰出的政治人物，在这方面最早做了表率。当然历史上也出现过“春宵苦短日高起，从此君王不早朝”的反面典型。如果像唐明皇那样，皇帝贪图安逸，导致国家危机四伏，则会再出现一位“白居易”写另一首《长恨歌》了。

有人会问，早朝这么早，乾隆是一直坚持了吗？

“宫廷曰御门，园林曰理事。”

乾隆说他在紫禁城则御乾清门，驻圆明园则御勤政殿，六十年来无间寒暑。乾隆爱住在圆明园，一是这里“夏清冬温”，环境舒适，二是老太后喜欢住在临近的畅春园，这样乾隆来往问安方便。但无论在哪里，皇帝都坚持着早朝这项制度。只是驻圆明园时，部院诸臣自京中赶往可就太辛苦了，那得多早动身啊？这个乾隆也都考虑到了：

“政务原无间以息，人情要亦体而随。”

特别是冬天，昼短且寒，皇帝若仍园居，则奏事大臣因路程较远，必冒严寒大半夜赶往，所以冬天乾隆常回到紫禁城里住。除此之外，为了表示对老臣的体恤，乾隆还曾专门下旨三品以上年逾七十岁的老臣们可待日出后再从家出发。

那在早朝上都怎么讨论国事呢？

“临轩降旨惟清语，每看背本省郎难。”（省郎：此处指上早朝的官员。）

早朝上，官员奏事时都是背诵奏折上的内容，记不熟或者满语不好，就容易说错，效果还真的不好。大臣每奏完一折本，乾隆为了遵从祖法还都以满语回复，大臣若满语生疏，领会起来也是难事。而且汉大学士中也只有曾习满语者才能领会。

早朝上出现这种局面，就有些尴尬了，但这并非一日之事。本身“早朝”这种传统制度是为了充分体现了皇帝的勤政行为，所以是一个开放的工作环境，但这样注定效率不高、保密性不强。它在乾隆父亲雍正朝就已弱化，而且无论是禁城中还是御园里，皇家都设置了随时可以接见廷臣、处理政务的场所。

“每日内阁进呈各部院以及通政司所进督抚等题奏本章不下数十件，（乾隆）于晚膳后阅发，其有折留之件，则于御门理事日阁臣面取，进止间半月或二十余日一次。”

“向来巡幸之日，京师各衙门章奏俱隔二日一递行营，即于当日批阅发回。至每日递到各省奏折，驻跸后亦无不立时批发，习以为常，从无留牍。”

从以上信息可见，乾隆无论在哪，政务都不会放下，此时他已用不着凭借早朝这种形势来体现勤政了。那早朝存在还有什么意义呢？

“无日弗咨畴，爱礼存羊意。”

早朝在祖法上留有着很重要的意义！乾隆曾多次以“爱礼存羊”来比喻御门听政制度。《论语·八佾》里记载：子贡（孔子的得意门生）想把祭庙用活羊的旧例废掉，孔子却不以为然，说道，你爱其羊，我爱其礼。这是比喻为了维护根本而保留有关仪节。

由此可见，乾隆一朝依然维持着早朝的“早”，却已没有了早朝勤政的“勤”。当然“御门听政”的日渐式微并不代表皇帝勤政程度的降低，这只是朝廷日益注重实效和君主权力日重的大势所趋。

四

太和殿视朝

只是朝贺，不用来议事

迈过太和门，迎面便是气势恢宏的太和殿广场和太和殿。太和殿为“正朝”，遇皇帝登基，皇帝大婚大典，元旦、冬至、万寿三大节，皇帝受贺则“御之”。

乾隆还补充：

“御殿视朝官谢恩，虽云例事礼斯敦。不疏不数惟时举，既雨既晴应候论。”

除大典外，清朝还规定凡大小臣工迁调叙用，有应谢恩者，鸿胪寺（掌管朝会仪节的部门）按例汇集人数，选择吉日请皇帝御殿视朝，每年依例御殿两次。总之，太和殿是皇帝受朝见的地方，并不是议事的场所。

我们站在空旷的广场上，遥想当年视朝时的皇家盛况。可能还会隐隐替古人担心，这里的典礼是否风雨无阻呢？在京城炎热的夏季典礼怎么办？广场上一棵树都没有，没有一丝阴凉，如果都在这广场上跪着还不跟受刑一样？冬季广场上冰冷刺骨，人们又能否挨得住呢？

其实无论冬夏，大殿视朝都是一早就举行，视朝时虽是“衮衮千官，八音俱全”，但“大乐必易，大礼必简”。太和殿视朝仅是礼仪流程，并不涉及具体的朝政事务，所以时间都不会拖得太长。

夏天的典礼是这样的：

“五更微雨鸡鸣止，衮衮千官肃侍仪。”（乾隆三十一年太和殿视朝）

五更天，天刚亮，大家已在广场上恭候了。

冬天则是：

“报晓鸡人报雪霏，翠云裘御启彤扉。”（乾隆二十一年太和殿视朝）

鸡人，是指当时负责叫早的职官（与鸡无关，宫里当然用不着鸡打鸣叫早）。冬日里随着太阳升起，宫门大开，皇帝着“翠云裘”，也就是又暖和又华丽的礼服，隆重登场了。可见太和殿的典礼就是突出了一个早。

“蒇事更衣向西苑，出城欲趁晓凉宜。”（蒇事：指事情完毕。）

乾隆三十一年夏季视朝仪式一结束，皇帝趁着凉快，赶紧更衣，马上去了紫禁城隔壁的西苑。西苑就是今故宫西北的中南海、北海公园一带，那里被水环绕着，比紫禁城里要凉快许多。

视朝肯定会赶上特殊天气，乾隆二十一年赶上了雪中视朝，那场景太壮观了：

“祥烟低幂金猊鼎，瑞叶纷飘赤羽旗。三白早占后稷穑，千官都点谢庄衣。”（幂：覆盖。）

“金猊鼎、赤羽旗”是形容皇家威严的陈设和仪仗；“瑞叶、三白”是用来形容纷飞的大雪；“早占后稷穑”，后稷是传说中教授百姓种庄稼的农业之神，“后稷穑”在这里指庄稼地，寓意瑞雪兆丰年；“谢庄衣”则是借南朝人谢庄下殿时瑞雪集衣的历史典故，代指祥瑞。瑞雪是给盛典增添了彩头，可要赶上大雨就尴尬了。

比如乾隆四十九年四月二十五日视朝，皇帝提前一天从御园回宫，入夜开始下雨，次日一早雨势转大了。

太和殿广场典礼场景

乾隆只得下令：

“窗气侵薄冷，檐声垂急湍。传宣停御殿，衣湿虑千官。”

雨太大了，皇帝传旨停止行礼，以示对臣子的爱护。

五

太和殿殿试

乾隆朝“连中三元”的壮举

太和、中和 、保和三大殿作为一个整体服务于大朝会。此外，它们还各自承担着举办大型活动的功能。

乾隆说：

“三年一举右文仪，未可寻常例视之。”

明代贡院内科举考试场景

“右文仪”即指科举考试，殿试是其最终一级，此前还有在各省城举行的乡试和在京城举行的会试，殿试每三年一次，在太和殿举行（从乾隆五十四年起改在了保和殿）。

科举考试是古代选拔人才的重要手段，殿试出题和阅卷，皇帝都要亲自把关。有时乾隆会亲自出策试题目，或由主考官拟题八道，他选定其中四道。殿试结束后，读卷官拟出前十名的卷子呈上，乾隆阅后裁定最终名次。乾隆朝一共钦点了二十七名状元。

“二十七番兹告蒇，传胪期得取真材。”（蒇：完成。）

清朝紫光阁赐凯旋功臣宴场景

乾隆在位六十年（自丙辰至癸丑）开正科二十次，此外因国家大庆又加开恩科七次，共计二十七次，所以乾隆朝一共有二十七位状元。公布殿试名次的仪式称殿试传胪，即我们常说的金榜题名。乾隆二十六年定为每年四月二十一日殿试，二十五日传胪。

“殿上胪传第一声，殿前拭目万人惊。”

这是宋人杨万里在《四月十七日侍立集英殿观进士唱名》中写到的。的确，“金榜题名时”自古以来就是个激动人心的时刻。乾隆四十六年四月二十五日早晨，乾隆亲御太和殿升

座，新进士们由鸿胪寺官引领，站到太和殿丹墀（殿外台上）末端，按名次奇偶顺序左右就位。传胪官捧着龙虎榜（殿试金榜），连续三遍唱（高呼）出了第一甲第一名钱棨的名字。由此清代第一位连中三元之人诞生：

“国朝经百载，春榜得三元！”

乾隆很兴奋，从顺治三年诞生清朝第一位状元起，已过去了一百三十多年，这是第一位连中三元之人。状元钱棨是江苏苏州府人，他在乾隆四十四年以乡试第一中解元，乾隆四十六年进京会试中会元，同年殿试成为状元。要说钱棨也绝非一般人，当年康熙朝大举博学鸿词科，命全国各地推荐博学之士为国家所用，康熙十八年钱棨曾祖钱中谐在紫禁城体仁阁参加博学鸿词科考试，名列一等。他们是书香世家，一门都是学行兼优、文辞卓越之士。

其实就在此前一届的考试中，浙江的汪如洋已连中后两元，就差了个解元。所以乾隆事后感慨："两元者已不乏其人，而三元者尚未得见。这次钱棨连中三元一举成名，不特科名之盛，亦观文运之隆！"

重视归重视，正事办完了，天热皇上还得趁早走。

"玉塔耸崔巍，琼岛围罗列。浸映太液光，精神堪澡雪。"（澡雪：清静。）

白塔、琼岛、太液池，西苑风景清胜，这是乾隆三十五年皇帝参加完殿试传胪后，照例更衣又往西苑去了。

"文会春场武会秋"，文科殿试春天在太和殿开考，而武状元的考试则在秋冬季，地点在西苑紫光阁（位于故宫西面的中南海）。康熙时就常集三旗侍卫大臣（高级武官）于此校射，然后在阁前阅试武进士，乾隆朝就遵循了这一旧例。

那武进士们都考什么呢？

"雕弓悬满月，羽箭迅流星。为问赳桓辈，能通黄石经。"（黄石经：指兵书。）

赳桓辈，指的就是武进士们。有个词语叫赳赳桓桓，即形容人威武高大的样貌。乾隆要策试"赳桓辈"的"开弓、步射、舞刀、掇石（举巨石）"诸项技能。当然还要考核他们的兵法策略，保家卫国的人光有身体，没头脑哪行！

六

保和殿宴请

公主们的婚事

乾隆像他父祖一样喜欢园居，除了出紫禁城西华门就到的西苑，还有京城西北的圆明园，再远点还有避暑山庄等皇家园林，所以他不会长时间待在紫禁城里。但乾隆三十五年，乾隆又频繁从御园赶回紫禁城，这一年是有什么重要的事吗?

乾隆解释说：

“天家婚娶亦人情，今岁频教还禁城。”

原来这一年频频赶上他儿女们的成婚，先是四月皇十二子永璂成婚，再是七月皇七女和静固伦公主成婚。公主成婚皇家赐宴就设在保和殿（皇子成婚宴请则在箭亭或皇子宫）。

皇室联姻往往是和政治挂钩的，乾隆朝也不例外。七公主是皇贵妃魏佳氏的大女儿，她嫁给了蒙古喀尔喀亲王的世子拉旺多尔济（世子即未来的王位继承人）。喀尔喀蒙古在康熙时已归附清朝，这位世子的爷爷超勇亲王当年就娶了康熙皇帝第十女，纯悫固伦公主，即乾隆的姑姑。爷孙俩相继成为皇室驸马，正是清政府与喀尔喀蒙古关系日趋紧密的写照。

其实，早在这之前，乾隆十二年三月，已有一位和敬固伦公主下嫁蒙古。她是皇帝的三女儿，乾隆结发妻子孝贤皇后所生。乾隆对她的疼爱绝非一般公主可比，为她选定的驸马乃是蒙古科尔沁部的色布腾巴勒珠尔，更是非同一般的外藩王公。

乾隆对这桩婚事极为重视，首先蒙古科尔沁部与大清皇室的关系是世代姻亲的秦晋之好。比较著名的可追溯到顺治时期的孝庄太后（孝庄是蒙古科尔沁部）。再有驸马本人九岁就被养育禁城之中，随皇子们一起读书，他就是在皇帝身边长大的。

“此日真堪呼半子，当年欲笑议和亲。”（半子：指女婿，此处指比女婿还要亲。）

清朝的版图长城内外已统一，满蒙世代姻亲修好，乾隆心疼三女儿，没有让她远嫁蒙古，在京城为她建了公主府（今北京市东城区张自忠路 9 号）。相较于汉、唐时期对匈奴和吐蕃的被动和亲政策，清代皇家嫁女已没有了降尊远嫁之嫌。

尽管如此，乾隆也没忘劝诫女儿们：

“结缡戒勿恃尊贵，就邸勉教孝舅嫜。”（舅嫜：公婆。）

虽然贵为公主，但嫁人之后要守礼数、尽孝道，不可自恃尊贵。

七

文华殿经筵

皇帝的课（讲）堂

前朝东西两翼分别建有文华、武英两座大殿。正好是文东武西，但实际上它们的功用都只和文化有关。

出了正月，皇帝的假就休完了。宫里有句话叫“半月宫中典礼隆”，这正恰如其分地描绘出皇帝新春二月的忙碌。

乾隆数着自己都要出席的活动：

“祭神、祈社、御经筵，礼也敕躬各致虔。”

祭神、祈社、经筵这几项是首当其冲的，乾隆需亲自恭恭敬敬地去参加。如乾隆四十一年，皇帝二月初一参加坤宁宫祭神，初二参加文华殿经筵，初六要去社稷坛祭拜，这之前还有数日的斋戒。不过这些都是每年的惯例，乾隆也很得心应手。另外两项都是祭祀祈福，而经筵是怎样的活动呢？

“文华春讲集群英，精义嘉言与论评。”

经筵是项自古就有的文化活动，它的主角是皇帝和儒学深厚的值讲官，他们互相讲课，互相学习。清朝经筵最终定在文华殿。那“课”上都讲什么内容呢？原来，他们的主要教材就是儒家经典《四书》和《五经》。

比如乾隆九年“课堂”上讲：

《论语》“古之学者为己，今之学者为人”，可理解为“古代的人学习是为了提高自己，而现在的人学习是为了给别人看”。

清代皇帝国子监讲学场景

《易经》“天地之大德曰生”，可理解为“世间最伟大的法则就是万物的生生不息”。

乾隆二十九年讲：

《论语》“因民之所利而利之”，可理解为“一切都从民众的利益出发去做”。

《尚书》“屡省乃成”，其中会引申到“天下之事，不难于立法，而难于法之必行”。

乾隆三十八年讲：

《大学》“民之所好好之，民之所恶恶之”，可理解为“当政者应该喜欢民众所喜欢的，应该憎恶民众所憎恶的”。

《尚书》“虑善以动，动惟厥时”，可理解为“考虑妥善而后行动，行动当适合它的时机”。

《四书》《五经》中充满了哲理和治世之道，这些都是统治者的必修课。那“课堂”上皇帝和大臣们都怎么讲呢?

“清汉章胥一再读，弗忘本尔义犹深。”

经筵每次到场满汉各八位讲官，但不是都讲，乾隆只派满汉讲官各两人，依次进讲，先讲四书，后讲经题。先用满语、再用汉语，各讲一遍。在讲官们讲解之后，乾隆还要结合政治实践、国计民生发表他的御论。他则是以满、汉语分讲，比如四书御论用汉语讲，经题御论则用满语讲。

乾隆之所以每次都要求满汉同讲，他是在强调不能忘本！因为他发现许多满洲读书人久习汉文，满文逐渐生疏。这样渐致忘本，是深可虑！乾隆五十五年之后，他还要求皇孙们都得来听讲，从小就得严格培养。

下雨天太和殿大朝会可以停，经筵不能停。乾隆七年举行经筵典礼时，礼臣曾以雨天奏请改期。乾隆认为："经筵大典业经祭告，自应举行"，只是像阶下行礼、殿内赐茶等仪节俱令停止：

"遇雨省末节，进讲诏勿停。"

乾隆规定以后凡遇雨俱照此施行。

乾隆在位六十年坚持举行经筵春讲，除了像为父母守孝、南巡等特殊原因，他基本上每年都会亲御经筵，总计达五十一次。

他的坚持的确为后人做出表率，其子嘉庆在位二十五年，共御经筵二十四次，也只是在为乾隆服丧期间缺席一次而已。

"御罢经筵例赐茶，崇儒恩谕特为加。"

经筵的最后一项是在文华殿赐茶于讲官、侍班诸大臣，以示尊儒重道，这是雍正时开始的惯例。乾隆四十一年在文华殿后建成了文渊阁，本来是为了贮藏《四库全书》，但书迟迟未成，乾隆得给文渊阁找份差事，于是就把赐茶改在了那里。

八

文渊阁藏书

《四库》成书的不易

文华殿身后就是文渊阁，乾隆朝修建，用来贮藏《四库全书》。乾隆在一首诗里面隐藏了四处藏书楼的名字：

“渊深源远纪名详，溯合求津文教昌。”

“渊”指的是紫禁城的文渊阁，“源”是圆明园的文源阁，“溯”是沈阳故宫的文溯阁，“津”则指承德避暑山庄的文津阁。它们都是乾隆为贮藏《四库全书》而修建的藏书楼。

《四库全书》是乾隆朝以清朝翰林院贮藏的明朝永乐年间《永乐大典》为基础，并搜罗天下散逸的书籍编纂而成。据说永乐皇帝朱棣因为自己是篡夺侄儿朱允炆的皇位，而担心世人的讥笑嘲讽，于是集天下能文者几千人来编纂《永乐大典》。与此类似的先例，宋太宗赵光义得到其兄长赵匡胤之位后（皇位没有父死子继而是兄终弟及），集合文人编辑《太平御览》《册府元龟》《文苑英华》三大书。他们都是“借以疲其力而箝其口……以弭草野之私议”，也就是说借编书的机会让读书人有事做，省得他们私下妄议、乱写皇家的那些事儿。

这次又轮到乾隆编书了，他得先打预防针，声明他不是这样的：

“彼有别谋漫深论，我惟爱古命重编。”（彼：指明永乐和宋太宗。）

乾隆打的是保护历史文化的旗号，但当他下旨让全天下收集遗书时，没想到应者寥寥，各地方官员都怕深陷文字狱而观望不前（乾隆朝是清朝文字狱最严重的时期）。乾隆赶紧下旨释众人疑畏，“既下诏访求遗籍，岂有寻摘瑕疵，罪及收藏家之理！”于是天下之书皆踊跃呈献。至乾隆三十八年共收集到了从先秦到清朝前期的各种图书三千五百多种。

收集到的书籍分应刊、应抄、应存目（只存名目）三类（还有应毁一类，乾隆自不会提），其应抄者按经、史、子、集四大类缮写成册，共计三万六千余册。卷帙浩如渊海，别说学习和研究了，光想读一遍就是不可能完成的任务。乾隆有集《四库全书》的想法时，他已在位三十余年，时年六十三岁了，光阴不等人啊！

于是乾隆命大臣于敏中、王际华等率馆臣于应抄一类书籍之中，先择其精要者分四库，得一万二千册，别名荟要（即四库全书荟要），于紫禁城的摛藻堂、圆明园的味腴书室各贮一部，得以先睹为快。

为了将来贮藏《四库全书》，先是定的在大内、御园、山庄各建一座藏书楼（盛京藏书楼营建时间要晚九年）。阁名均冠以“文”，其后的“渊、源、津、溯”四字皆从水，其意取自浙江宁波明代范氏天一阁的“天一生水”。

“四库书成将弆之，范家天一仿而为。”

浙江人范懋柱家的天一阁是天下藏书楼的范本，它建自明嘉靖末年，到乾隆朝已二百一十余年。以天一阁为蓝本，一是慕其名，二是汲取天一阁设计合理的防火、防潮等功能。四阁仿天一阁，阁之前后或有池水流过，或有假山林立。阁之间数同样为六间，以符合“天一生水，地六成之”之说，这属于“厌胜之术”，意在保护藏书。

房子有了蓝本，盖得很快，几乎一年一座。乾隆甲午年起文津、文源、文渊三阁三年内陆续建成。可书篇要“选举贡、监生，字画端楷者就武英殿书局分领缮写”，“抄录尚需数年”。乾隆有点焦虑了：

“木架香楠此空待，几时得睹贮全编。”

望着空落落的阁楼，乾隆很无奈，只好先将康熙朝所编写的《古今图书集成》颁于各阁一部，仿四库书函之式装潢排列，聊以充数自慰。

原计划五年完成《四库全书》第一部，可实际上整十年时间才于乾隆四十七年始“装潢贮阁（文渊阁）”，而四阁中的盛京文溯阁营建拖在最后，也在这一年完工，所以四阁共花了九年时间。

“四库编书成十年，四阁庋书构九岁。”（庋：置放，收藏。）

乾隆感叹这之间的不易。尽管比预期多用了近一倍的时间，但不管怎样，文渊阁终于开始执行它的正式功能了。想想之前没成书的时候，乾隆还给这里找了个活儿，作为经筵后赐讲官们喝茶的地方，还把爷爷康熙时的《古今图书集成》临时搬进来应景儿。

《四库全书》遵照唐以来的藏书传统，按经史子集四库分类。经部封面用青色绢、史部用赤色绢、子部用月白（淡蓝）色绢、集部用灰黑色绢，以符合春、夏、秋、冬四色。书册分别贮于楠木匣中，再置于书架上。

大功终于告成了！但乾隆还有不满意的地方：

“雠校不厌详。”（雠校：校对文字。）

“抽看尚多讹。”

在“四库”成书的过程中，乾隆一直牵挂于心。即使在外出巡的时候，也命由京城递送《四库全书》，按日而进，算是一边学习一边检查工作。没想到进呈之书，每一抽阅，就有错误之处。

乾隆认为纂校人员未能尽心，命令加倍检勘。每部书编

清　姚文翰《勘书图》

纂完成后，即设立分校、总校专司校对。但这次工程量的确太过浩大，望着藏书楼里像书城一样蔚为壮观的景象。乾隆还在担心馆臣们在抄写、校对中未必俱能悉心从事。

果然不出乾隆所料，出事了。乾隆五十二年秋，乾隆驻避暑山庄,发现文津阁《四库全书》中的错误竟是连篇累牍。于是下令开展全面的校对排查，并将原总校官陆费墀革职，令总纂官纪昀（即纪晓岚）等人赔款出资重抄。四阁之书前后经过了三次校对。乾隆也知道校书如同扫落叶，难保其不再有遗漏，这已经是极大的完善了。

“保无鱼鲁潜犹伏，譬若尘埃扫又生。”（鱼鲁：将“鱼”误写成“鲁”，泛指书籍在刊印过程中的错误。）

乾隆心想初命编辑《四库全书》时已年过六旬，到古稀有五之年还能看到全功告成，已非易事。他感叹道：“可知事在人为”，又“何莫非上苍之眷佑耶？”他很知足了。

北四阁之后，乾隆又令“发帑金缮写全书三分（份），于扬州大观堂建文汇阁、镇江金山寺建文宗阁、杭州圣因寺行宫旁建文澜阁贮之，此南三阁以供江浙士子得以就近观摩传录”。

九

上书房学习

美好的年少读书时光

乾隆学养深厚，除了他本身勤奋的求学态度外，也受益于后天的皇家教育制度。他童年起即获得皇祖康熙、皇考雍正两代皇帝的用心栽培、帝师名儒的启迪教导、皇族长辈兄友间的切磋砥砺，这些均为他的学养打下坚实的基础。

康熙帝读书像

乾隆回忆他的童年：

“每忆髫童际，亲承圣祖恩。”

乾隆一直念念不忘他年方十二时，皇祖康熙下旨将他养育宫中，他非常感恩有这样一次机遇。康熙时，在严格的皇家教育和训练下，皇子、皇孙们均从小就能文能武，而康熙对乾隆的期望和培养“过于诸皇孙”。那些珍贵的童年时光，乾隆一直历历在目。见证这段历史的非他的“同学们”莫属。

“七龄叔敏达，十二我愚芚。”（愚芚：浑然无知。）

七龄叔即指康熙的第二十四子胤祕，胤祕天赋聪颖，深

雍正帝读书像

得康熙钟爱。胤祕虽是乾隆的叔辈，但他是康熙最小的儿子，比乾隆还小五岁。有一点非常有意思，乾隆的同学基本都是他的叔叔，主要是康熙皇帝那些年龄较小的儿子。乾隆自己的兄弟当时只有弘昼一位，因为他父亲雍正的孩子并不多。

清　顾铭《胤禧训经图》

弘昼倒是和乾隆同岁，但在乾隆印象里，当年这个兄弟学习不好，这方面没啥好说的。

乾隆在为叔父庄亲王胤禄庆贺七十寿辰时，还回忆起康熙六十年皇祖下旨令，让他“学火器于庄亲王胤禄，学射于贝勒胤禧”。十六叔胤禄比乾隆大十六岁，二十一叔胤禧却和乾隆正好年纪相仿，胤禧除了精于骑射，还勤于书画。两个人亦师亦友，都曾沉浸于诗书画意中相互影响：

“吾叔乃诗翁，裁句清且好，近复参画禅，颇得画中道……嗟我学画法，年来曾探讨。”

他爷爷康熙精于算术，皇子们到十六七岁时也开始学习，但乾隆十二岁时康熙皇帝就过世了，他没有受到皇祖的亲自教导。乾隆继位之后，曾命年少的子辈们向庄亲王胤禄学习算术，至于他自己为什么没学，他说：“朕以因循未学。”原来古人认为，如果自己到了婚冠之年没有学，再学就自以为太晚了，是以因循保守而失学。所以乾隆有些难为情：

“皇祖精明勾股弦，惜吾未习值髫年……而今老固难为学，自画追思每愧旃。”（自画：自己限制自己；旃：文言助词，“之焉”两字的合音。）

他父亲雍正秉承了皇家严格的皇子教育制度，乾隆回忆：“康熙六十年，予十一岁随皇考至山庄内观莲所廊下，皇考命予背诵所读经书，不遗一字，时皇祖近侍皆在旁环听，咸惊颖异，皇考始有心奏皇祖，令予随侍学习。”这才有了日后小弘历十二岁时被皇祖康熙召见，并养育宫中。

雍正即位后专门在乾清门内东侧设立皇子、皇孙的读书处——上书房。雍正七年十一月二十一日，雍正为弘历、弘昼兄弟在上书房里题写了十四字对联:“立身以至诚为本，读书以明理为先。”乾隆深刻地领悟着这份教诲：

“妙义只须十四字，至言已胜万千书。”

雍正为他们从翰林院中选拔出最博学的四位师傅：徐元梦、张廷玉、朱轼、嵇曾筠，这四位师傅中只有朱轼（号可亭）坚持得最久，其他三位因获罪、政务繁忙或职务变动都任职不久就离开了。朱轼按传统的宋儒学说来教导皇子们，主张儒家理论学习要身体力行，这也使乾隆从中受益匪浅。

朱轼担任他们师傅时，兄弟二人已经十二岁，“已熟读诗书、四子书，背诵不遗一字”。这份功劳则归功于乾隆的另一位老师——福敏（字龙翰）。他早在雍正藩邸时期，弘历适值六岁启蒙之龄，即被聘为第一位师傅。

“有问鸣钟处，方瞻霁月披。”

福敏对学生的教学态度，是有问必答，问得越深，回应越深。正如撞钟，敲钟力大，钟鸣之声越强。福敏的课堂常至日影西斜，始行散席。在启迪与奠定自己的经学与理学造诣上，乾隆深感福敏功不可没。老师七十岁寿辰时乾隆赐诗：

“前世文昌宿，当朝王者师。”

这一评价点出了乾隆对老师福敏的由衷称赞和认同。

随着一些老师的离职，又有新的老师补充进来。蔡世远（字闻之）于雍正元年入值上书房，侍诸皇子读书。这位老师著有《二希堂文集》，它对弘历当皇帝之后最喜欢的一处书房“三希堂”有着相当的影响。

“治学应同真德秀，治事要似范仲淹。”

蔡师傅因南宋的真德秀和北宋的范仲淹二位名士均以

“希文”为字，故以“二希”作为堂号。

乾隆说“三希堂”的命名，一是取希贤、希圣、希天之意。皇帝要逊志（谦虚）好学以希圣，自强不息以希天。二是因收藏了王羲之等人三幅稀有的书法作品。再有，就是仰慕蔡师傅的“二希”，而欲希老师之“希”。

时光飞逝，转眼间乾隆年少时的学堂里又坐满了他自己的儿孙辈。乾隆最小的弟弟弘瞻小他二十二岁，就像当年乾隆和二十四叔同窗一样，如今乾隆的儿子们也和叔叔弘瞻成了同学。上书房的这一特色就这样传承了下来。乾隆的十五子永琰（嘉庆）即位后曾视察上书房，那里依旧是他当年入学时的模样：

“接席排文翰，连床列讲筵。弟兄仍共坐，子侄喜摩肩。”

不得不说，当年上书房这位置雍正选得好，距离皇帝理事的乾清宫、早朝听政的乾清门很近，途经此处的乾隆常被皇子们朗朗的读书声所触动。“明师在前，劝诵在后”，无论冬夏，乾隆常在公事完成之后，顺道至上书房来指导学生们的学业。

“汝曹读书久，兹命随时巡。讵云事嬉游，吾意良有因。”（讵：岂能，表示反问。）

乾隆说了，读圣贤书是一方面，另一方面他也带领皇子们出巡、秋狝，安排给他们各种机会以增强皇子们的社会见识，强健他们的体魄。总之，谨遵祖训，以历史兴替存亡为鉴，保证好祖业的延续，这一直是乾隆肩头的一份重担！

十

懋勤殿书房

乾隆断案"勾决"

皇帝日理万机、国务繁重，他也会像包青天、施青天一样去断民间纠纷的案子吗？"威权生杀之柄，惟上执之。"一旦这案子情节严重了，还真就得由乾隆来断。

"囹圄诸重囚，勾决例冬前。三覆敕给事，众议集阁臣。"（三覆：意指审理死刑案件慎重。）

清代刑狱，本省最高长官只能决定流刑以下案件，要由刑部、都察院、大理寺组成的三法司来做死刑的最后审判。三法司例于每年八月复审地方呈送的死刑案件，称为"秋审"。每年霜降后复审刑部判决案件或京城附近死刑案件，称为"朝审"。经过"秋审""朝审"的案件分为"情实"（情节属实，罪名恰当，应当处决）、"缓决""可矜""留养承祀"四类，而皇帝则做为重大案件的最后审级，掌握着死刑的最终复核权，他可以改变三法司的决定。皇帝认可的死刑，在"情实册"上用朱笔（红墨）打钩，称为"勾决"，已勾之犯，即行处死，未勾者归入"缓决"，明年再议。

紫禁城"勾决"的地方就在懋勤殿。它位于乾清宫院内西庑，月华门东侧。这里曾是康熙皇帝的书房，乾隆时每年秋天于此研究案情，勾决人犯。这样一处判定普通人生死之所在，在院落中却是相当的不起眼。

乾隆登基初期政局宽大，乾隆勾决时比较慎重，"人命关天，实切切而不忍，宁失之宽”。但从乾隆十四年起形势大变，他开始从重勾决，许多本定为缓刑的案件他也都亲自把关，“不致因烦混过，部臣亦不能施高下其手之技”。

每逢正寿之年，也就是整十之年，各省的死刑案子就要停一停。到了第二年，两年的案子乾隆一块来定夺。

“两年案牍一年披，宁晷刻无弗道疲。”（宁晷刻无：指没有空闲的时间。）

乾隆十五年正好是乾隆四十寿辰，乾隆十六年又为皇太后六十岁寿辰，照例应停止勾决。但因为自乾隆十四年起从严处理，许多侵贪之官照样被判处了死刑。

“慎在虞书训明弼，难循梵典说慈悲。其生其死实自取，或宽或严非我为。”

乾隆十四年，乾隆的政策确实特殊。乾隆的态度转变这么大，到底是出了什么事？许多学者对此进行了分析，认为这与乾隆十三年，孝贤皇后以及之前嫡子永琮的双双亡故有关。而乾隆自己的解释则说：“若一味姑息纵舍，则失之懦弱，裁度因时，方得权衡不爽，非有意从宽，亦非有意从严。”他反复强调这是由客观形势来决定的，并非单纯出于个人主观的喜怒爱憎。

有大臣针对乾隆十四年秋审勾决过严，提出了本年春季缺雨，即是上年勾决过多，上干天和所致。乾隆对农事特别关注，民间的农谚他常都挂在嘴边，大臣用这方面的事规劝他，正好撞到了枪口上。

“清明风刮土，接连四十五。”（四十五：指北方春天风多少雨近一个半月。）

“南雨北为风，清明候弗同。”（南雨北为风：指春季南北方气候差异较大。）

乾隆说北方春夏之交，向来少雨，此与“勾决”何干！

不过乾隆每年春夏之交若逢干旱望雨之时，他都会下令给予囚犯减刑，当然仅针对罪行较轻的犯人。

“向于春夏间，望雨每省刑。”（省刑：减刑。）

乾隆五十九年，乾隆在避暑山庄，虽已处暑节气，但炎热不减。

乾隆思忖着避暑山庄已是这样，那京城人烟稠密自当更甚，百姓或因溽暑蕴蒸致有疫病。他马上命军机大臣驰谕留京王大臣即行据实覆奏。古人认为清理庶狱可以感召甘霖，乾隆也一样，于是他一面传谕刑部堂官查明徒罪以下案情较轻者分别减等发落，其缘事牵连及寻常案件亦即讯释完结，又传，谕热河道府将此处就近狱犯核明情节，开具清单，速交军机处即行奏释。这时此类事务的处理已不拘于常例，可见皇帝望泽殷切。

同年秋天，乾隆在御制诗里专门提到了一桩死刑案子。他在南苑照例阅刑部奏本，有云南省民妇李氏戳毙李文有一案。案件的情节是这样的：李文有与其堂弟李文玉发生口角，并用锄砍伤李文玉，致李文玉昏倒在地。李文玉之妻李氏见状情急之下悲愤之中，用剪刀戳伤李文有，后李文有重伤不治而亡。案件很清晰，李氏由于救夫情切，致毙人命。

法司办理此类案件依律拟斩监候，但乾隆阅后认为有殊情法之公平。他说，儒家的刑法当始自刘邦立汉之后，萧何主张以法治国，自此制定的律法后世大多遵守，间或有补充完善。刑法教育百姓不能违背三纲五常，妻子之于夫和子之于父母的纲常伦理是一样的。法定夫因故杀妻者罪止绞候（死缓），若妻杀夫无论因奸、谋命都是凌迟，即与夫斗殴伤毙夫命也是拟斩。可见夫为妻纲名分至重，与子之于父母无异。律法中若有子救父母情切，触犯法律的还可请旨减轻罪行。李氏身为人妻，目睹其夫被殴，危急之下怎能不救。像这样妇救夫情切之下触犯律法的却没有相应减刑的标准，这似乎是法律上的疏漏。

“子因救父有宽科，妇以夫纲理不磨。胡乃罪同无减律，欲将此义问萧何！”（磨：磨灭；胡：为什么？）

于是就此案，乾隆下旨即照子救父母情切之例予以减刑，并令刑部详议载入例册。

何來瀟灑清都客逍遥為愛雲
烟碧筠籃滿貯仙巖芝芒鞋不
踏塵寰迹人世蓬萊鏡裏天霞
巾仿彿南華仙誰識當年真面
貌圖入生綃屬偶然
長春居士自題

清　郎世宁《弘历采芝图》

十一

乾清宫“正大光明”匾

并不顺当的立储之路

乾清宫是内廷的正殿。顺治、康熙年间这里是皇帝的寝宫和日常处理政务的重要场所（雍正以后，皇帝日常活动的重心则转移到了养心殿）。乾清宫内最引人注目的就是正中高悬的“正大光明”匾。这四字一直被奉为清室“圣训”，原为入关后第一位皇帝顺治所题。从顺治、康熙、雍正三朝传到乾隆朝，乾隆称其为“三朝宝训”。

乾隆解释这其中的含义说：

“正大居心以为养，光明莅政乃相宜。”

正大指的是君主在自我修养上要不倚不偏保持中道，光明就是帝王执政要“四明四达”，即彰显上天的恩德，做到通达公正，像传说中的贤君舜一样治理好天下。（原诗中有“四明四达五弦挥”一句，《韩非子·外储说左上》有“昔者舜鼓五弦，歌《南风》之诗而天下治。”）

君主要像圣人一样施行王道，是儒家统治思想的最高境界。清人入关后学习汉人，仍尊崇以儒家思想治世，历朝皇帝们纷纷题写“正大光明”四字于各处殿内，予以自警自戒。“三朝宝训”上行下效，从顺治开始，他御书乾清宫“正大光明”匾，康熙时敬摹勒石（把顺治的字迹刻到了石碑上），垂诸永久，为子孙万世法。康熙本人是在景山观德殿题写了“正大光明”匾，后来乾隆也于热河勤政殿谨遵家法，敬书此四字悬之殿中。

雍正更直接，他的圆明园“正大光明”殿则更是以此四字直呼殿名和景名。也正是自雍正朝开始，乾清宫这处“正大光明”匾跟清代皇位继承制度产生了极为密切的关联。

“立储自周始，沿袭称少阳。”（少阳：指东宫太子。）

三代以前未有“建储”之事，“太子”之名周始有之，也就是说中国历史上从周朝开始公开册立储君，传统是“立嫡不立庶，立长不立幼”，即优先立皇后之子为接班人。到了周平王姬宜臼的时候，公开立储的祸端开始显露，他父亲周幽王把太子即皇后之子宜臼废掉，改立宠妃褒姒之子为太子，造成储位之争，引发宫廷祸端，周室自此衰微。抛开这些远的不说，再看清初，圣祖康熙公开立嫡子胤礽为皇太子，没想到父子之间、兄弟之间矛盾尖锐，其后混乱百出，康熙两次废掉胤礽后再也没有复立太子。

“我朝鉴前失，书名密缄藏。”

雍正即位后改行秘密立储，即不公开接班人的名姓。他密书储君爱新觉罗·弘历之名（分别用满、汉语书写），贮于乾清宫正大光明匾之后，并另书密缄常以自随。至雍正十三年八月二十三日雍正去世，内侍取下封函，待大学士鄂尔泰、张廷玉等诸臣集齐后启封公布于世。乾隆是第一位被秘密立储并继位的皇帝。

乾隆能当上皇帝，他一直感恩两件事：

“敬忆射熊之先觉，虔思赐犊之默成。”

十二岁时他随皇祖康熙幸木兰，初入永安莽喀围场，康熙用火枪打倒一只熊，熊倒地许久，康熙命侍卫引小弘历再射此熊，以意弘历初围即得“获熊”之美名。当时弘历刚要上马过去，不想熊却又突起奔前，康熙忙举虎神枪将其击毙。康熙带着小弘历回到武帐，指着弘历对温惠皇贵妃说：“伊命贵重，福将过予！”并以射熊事告之，曰：“使伊至熊所，而熊起马惊，成何事体。”乾隆一直感恩皇祖康熙的知人之明、慈爱之恩。

雍正元年正月，雍正召小弘历至养心殿赐给他一份肉让他吃，但并没有召弘昼同去。乾隆至今还觉得那肉味纯美，但又不知是干什么的肉，为什么让他吃。父亲雍正没有明谕，他也没敢吱声。乾隆做了皇帝才明白过来，当日是祈谷礼成之后，父亲一定是在祭祀天帝时将选定他日后克承大宝之事上告苍天，托付之重已定于此时。所以乾隆总说：

“福当过我，溯康熙秋狝之射熊。胙宝归予，记雍正初郊之赐犊。”

每逢八月二十三日雍正忌辰，乾隆都会在父亲陵前将那份立储密诏“盥手恭读”一遍，“以志思慕之诚，以凛继绳之重”。（继绳：指代代相继。）一是思念父亲，二是勉励自己。

秘密立储是立储制度的重大变革。有效避免了君王和储君的矛盾以及储君和诸皇子之间的矛盾。此外退一万步讲，万一皇帝突发不测，未能以身藏密诏示人，别人也可以直接以正大光明匾后的密诏为凭证，将皇帝更替的动荡降至最低。乾隆继位后严守并最终执行了这项制度，只是在立储政策上乾隆想两边都沾，也就是形式上遵循秘立，但实际上他还是尊崇古礼，像他祖父康熙一样立了嫡子（皇后所生的儿子）。可是乾隆没想到，他的立储之路相当不顺利。

“早知失子兼亡母，何必当初盼梦熊。”（梦熊：指生男孩的征兆。）

乾隆元年七月初二，乾隆于养心殿西暖阁召见总理事务大臣和九卿，谕遵皇父之制度密立储位。这位密旨中指定的储君，就是孝贤皇后富察氏所生的第一个儿子即皇次子永琏，但永琏年仅九岁于乾隆三年病亡。之后他又选中了皇七子永琮，孝贤所生第二子，但还没来得及密立，永琮不到两岁即于乾隆十二年除夕出痘去世。次年，孝贤皇后也亡故了，这下彻底断了他立嫡的念头，这对当时的乾隆打击非常大。

自此之后乾隆的密储人选他一直未曾透露过，直到乾隆三十八年，乾隆又秘密另书一皇子之名于正大光明匾上，并默祷上天及祖先，若所定嗣子倘不能受此重托，将另选贤良。这次密立得以善终。

“归政丙辰天佑荷，改元嘉庆宪书观。”（宪书：时宪书，即历书。）

乾隆六十年九月初三日，是日为吉日。乾隆御门理事，召皇子皇孙、王公大臣等将癸巳年所定密缄嗣位皇子之名公同阅看，立所定皇十五子嘉亲王（永琰）为皇太子，以明年丙辰为嗣皇帝嘉庆元年。皇太子移居毓庆宫以定储位，皇太子生母令懿皇贵妃（已故）著赠为孝仪皇后，皇太子名上一字改书“颙”（原为“永”）。章疏（文书、公文一类）皆书本字之永，不宜更改。其皇子王公臣下之名清书（满文）缺写一点，以示音同字异而便临文（指书写）。

十二

乾清宫宴会

盛大的节庆宴

乾清宫为内廷正殿，清朝皇帝于此召对臣工，引见庶僚。乾清宫殿宇高大，前面又有一片广场。于是年节时，特别是在正月期间，这里便成了皇家高规格的宴会场所，成为皇帝与宗室亲藩们联络感情的地方。

乾隆四十八年正月初十在乾清宫举行了大宴，宴请宗室共两千余人，乾隆很兴奋和自豪：

“六朝庆衍叶百亿，十世居滋人二千。”（百亿：指众多。）

从太祖高皇帝努尔哈赤开始，太宗文皇帝皇太极、世祖章皇帝福临、圣祖仁皇帝玄烨、世宗宪皇帝胤禛到年过古稀的爱新觉罗·弘历，这时候这一家族延续了六朝，十代人。这次宴请的都是王、贝勒、贝子、公以及三四品顶戴以上级别。据记载当天有事不能与宴者五百六十九人，实际到场的一千三百零八人。乾隆还下令颁赐了如意、朝珠、文玩、绮帛和银两。

乾清宫最有名的宴会应该是康熙六十一年和乾隆五十年在这里举行的两场别开生面的大型宴会，即千叟宴。

“祖孙两举千叟宴，史策饶他莫并肩。”（饶：让步。）

康熙壬寅年乾清宫第一次千叟宴，被称作“从古未有之盛”。而乾隆时的千叟宴，正值乾隆御极五十年，七十五岁，逢“五”又逢“十”。再有乾隆前一年刚得元孙载锡，五世同堂。乾隆下旨，中外大臣、官员及外藩台吉、扎萨克（蒙古贵族和官员）、朝鲜国正副使臣均得入座。千叟宴上“矍铄盈廷，庞眉皓首”，与宴者达三千人，是康熙年间的三倍。

而每年上元节的例行宴请则是在圆明园的奉三无私殿和正大光明殿居多。节前一日宴请宗藩，节后一日宴请百官。那里因地势舒广、水域众多，利于防火，所以相较于乾清宫，年节宴及会后观灯火多安排于此。在那些宴席上也曾发生过一些有意思的小状况。

“讵幸七言成昔日，竟符五代庆今年。”（“七言成昔日”：指载锡于乾隆四十九年正月初八出生，当年上元节宴上乾隆曾有诗庆贺自己五世同堂。）

每年正月十四日上元节前于奉三无私殿小宴宗藩（皇帝的本家兄弟及子孙）。照规矩，“皇子皇孙至娶媳后乃与节宴”，但元孙载锡的出生使乾隆实现了五世同堂，这被他认为是天家盛事。乾隆五十四年宗藩宴上，乾隆没有拘于常例，载锡六岁够了入学年龄，乾隆就迫不及待地令他一同入宴，“拜跪如仪，允符五代同堂之庆”。后来乾隆准许满六岁的近支皇室都可入宴，乾隆五十七年的宴会上，皇子、皇孙、皇曾孙、皇元孙共计来了十九人。

“股肱任重要情联，赐典应开翼节筵。”（股肱：指朝廷重臣；翼节：指上元节后一日。）

每年正月十六，即上元节后则是照例小宴廷臣于圆明园正大光明殿。乾隆七十岁那年宴请了大学士、领侍卫内大臣、尚书、侍郎、蒙古郡王等共十六人。上一次宴会是在三年前，当时像大学士舒赫德、于敏中这些乾隆的同龄人都还在，但转眼都已故去。“三载不为为似新”，宴席上的领班满汉大学士已经换了新人，景似人非，突如其来一种陌生感，让作为最高统治者的长寿老人感受到了高处不胜寒的孤寂。

其实宗藩宴上也是这种情况，乾隆叔父辈的人都去世之后，入宴宗藩当中岁数大的也就三四十岁而已，和乾隆差了一两代人，都是他的儿孙辈了。乾隆三十五年（乾隆六十岁）的上元节前宴是最热闹，也是他同辈人最全的一次，那时他弟弟和亲王弘昼、他亲家定边左副将军超勇亲王成衮扎布、两个额驸色布腾巴勒珠尔和拉旺多尔济都来了。（弘昼于当年七月去世，成衮扎布于次年去世。）

“长治久安怀永图，燕语家人宁藉译。”（燕语：宴饮叙谈；藉：借助。）

乾隆也常在圆明园正大光明殿赐宴请蒙古、回部的藩王及各国陪臣。皇帝会把他们招至御座前，手赐美酒，关切的问候其部众年景情形。乾隆跟外藩王公沟通都用不着翻译，像蒙古语，乾隆八年开始学习；回语，乾隆二十五年平定回部后开始学习。乾隆八十三岁那年宴会上只有新来的廓尔喀（今尼泊尔一带）使臣需要借助翻译，因为他们刚刚臣服清朝不久。（乾隆五十三年、乾隆五十六年，廓尔喀军队曾两次入侵西藏。第二次入侵之后，乾隆派大将军福康安收复，并兵临廓尔喀首都城下，迫使其国王求和。）

向来上元节前后的例行宴会都是“雷”打不动的，当然那个季节北京也没有雷雨。但是会有月食，月食出现，宴会一定要改期举行。

“玉魄却逢遮地影，冰轮未可谓时迁。”（玉魄、冰轮：指月亮。）

乾隆癸丑、甲寅连着两年正月十六日都赶上了月食。即使月食是一早发生的，到宴会时月亮已经复圆，但由于古人对这种异象十分介意，《管子》有“日食修德，月食修刑”之

清朝避暑山庄万树园赐宴场景

文。汉朝每遇日食认为是灾异，皇帝会罢免三公，诿过于臣下。这种不好的天象预兆和古帝王的应对方式虽然乾隆并不认可，而且本朝钦天监的官员也早已测算出日、月食的日期，但他还是保持必要的警惕和谨慎。于是当日的宴会以及节日灯火全部取消，择日再办。

“却喜春霖融玉律，底须圆月映金杯。从来卜昼弗卜夜，敢拟铜壶漏莫催。”（卜昼卜夜：指白天黑夜的宴乐无度。）

这些宴会都是在白天举行，“凡曲宴廷臣率不过未申时”，天黑之前肯定结束了。酒也只是一巡，不会推杯换盏以致酩酊大醉。晚上本来还要组织大家赏月亮，但要是赶上阴雨，赏不成月亮，乾隆也很想得开，因为北方初春能降些雨雪，于庄稼还是好的。

十三

交泰殿的女主人

乾隆的三位皇后

交泰殿是皇后的正殿，逢年节、皇后生日（千秋节），皇后在这里接受拜贺。乾隆一生有三位皇后，但真正以皇后身份先后坐过这里的只有两位——第一位是皇后富察氏（谥号孝贤）、第二位是继后乌喇那拉氏（一说辉发那拉氏）。

乌喇那拉氏之后乾隆未再立皇后，最后一位孝仪纯皇后魏佳氏即令懿皇贵妃，她是去世二十年之后，因其子永琰登基（嘉庆帝）而被追封为皇后的。嘉庆即位那年，太上皇（乾隆）携新君（嘉庆）去孝贤皇后陵扫墓，并将子皇帝生母孝仪皇后魏佳氏（原为皇贵妃），由原地宫升位至孝贤皇后陵侧。

乾隆说：

“母应以子贵，名正顺言欣。”

魏佳氏在继后乌喇那拉氏之后，她以皇贵妃身份“领袖兰宫”。她曾先后为乾隆生育了六个子女，其中有两个孩子早年夭折。乾隆三十八年其所生皇十五子永琰被密立为储君。乾隆四十年初魏佳氏去世。

“儿女少年甫毕姻，独遗幼稚可怜真。”

当时她的大女儿七公主因病刚刚去世几天，才二十出头；九公主三年前嫁人；皇十五子永琰十六岁，去年刚成亲；小儿子皇十七子永璘才十一岁。

富察氏是乾隆的第一位皇后，她与乾隆年纪相仿，是乾

孝贤纯皇后朝服像

隆在藩邸时就已嫁过来。富察氏出身名门，为人恭俭宽仁，侍奉皇太后极尽孝道，因此帝后十分恩爱。乾隆想和她白头到老，但不想天不遂人愿：

“东巡二月忽思前，敬奉慈闱喜比肩。将谓齐龄长御壶，奈成永诀乍登船。”（二月：指皇后生日——二月二十二日；慈闱：指皇太后；壶：指宫内事务、家政。）

每年二、三月份迎来大好春光，但自乾隆十三年之后，他却一直都有个心结。因为孝贤皇后生日是在二月，去世又是在乾隆十三年三月。乾隆最初一直想立嫡子为储君，这唯有指望孝贤皇后，孝贤也先后给过乾隆两次惊喜，分别生下皇次子永琏和皇七子永琮，但两个孩子都没长大成人就夭折了。第二个孩子当年年底去世之后，转过年来紧接着孝贤就陪同乾隆和老太后东巡，这也导致身体虚弱的孝贤在路途中病倒。乾隆十三年三月病逝于德州（清时属济南府）船上。

乾隆和孝贤共生了四个孩子，只有三公主还算长寿，活到了六十一岁，其余的都年纪很小就已去世，更别说婚配了。三公主的存在始终是乾隆对孝贤的一份感情寄托。每逢与三公主一家人相聚的时刻，乾隆都不免会怀念起孝贤，还有那几位早逝的孩子们：

“同来侍宴承欢处，为忆前弦（指孝贤）转鼻辛。”

继后乌喇那拉氏是在乾隆最钟爱的富察氏（孝贤）去世三年后册封的。

但乾隆却说自己一直就没有再想立皇后的念头：

“齐眉予夙愿，续弦谁所致。上以奉慈宁，下以率九位。”（慈宁：指太后；九位：指后宫。）

最后因为是他的母亲崇庆太后下的懿旨："中宫久虚，宜行册封之礼。"于是乾隆在四十岁大庆之前，先皇后（孝贤）丧过二十七个月之后，乾隆十五年八月一日立皇贵妃乌喇那拉氏为后。

"岂必新琴终不及，究输旧剑久相投。"（新琴、旧剑：此处应指前后两任皇后。）

乾隆终其一生都沉浸在对孝贤皇后的思念当中。当了十五年皇后的乌喇那拉氏无法真正打动乾隆，乾隆三十年，她因事触怒皇帝而最终被废黜，死后也没有谥号。她唯一的儿子皇十二子永璂也受到了牵连，二十五岁就郁郁而终。

而乾隆自此再未立后，在他心目中后宫只保留了一位主人，那就是孝贤。

十四

交泰殿贮“宝”

乾隆的二十五“宝”

宝或国宝，在古代指的是皇帝的宝玺，即皇帝发布命令时使用的印章。乾隆朝定的“国宝”都收贮在交泰殿，每年正月十五一过，在交泰殿有一项“开宝”仪式在等着他，还在圆明园过年的皇帝，需要择日赶回宫来。

“令节初过开篆连，香交交泰致恭虔。”

“篆连”就是宝玺，因玺文多为篆字。清代官印实施封印、启印制度，规定每年年底（通常在十二月中以后），天下衙门都“封印”不再办公，以示休息，至次年正月十五日以后启印。劳累了一年，皇帝为了表示与民同休，也要举行“封宝”仪式，将交泰殿宝玺封缄。到来年正月，钦天监选好“开宝”吉日，当日吉时至，请出御宝供于宝案上，皇帝也在吉时前往，焚香行九叩礼，以祈来年诸事吉祥。

乾隆时交泰殿里存放有他所定的御玺共计二十五方。怎么会有这么多？又为什么是二十五？而不是其他数。

乾隆说：“交泰御玺，定数尊天。”

“予详加考定，凡二十有五，以符天数（一、三、五、七、九为阳数，加在一起是二十五，二十五为天数）。”另外乾隆还补充说：“定宝数之时，密用周姬故事，默祝祷上苍……侈望我大清得享号二十有五之数。”乾隆通晓历史，知道前朝无一“恒享昊命而不变者”。东周（姬姓）最长，传世二十五代。

那能不能传二十五代？乾隆心里也没底。

“卜世卜年固在人，赐世赐年则在天。”（卜世卜年：指国运之年数。）

他想取意“天数二十有五”，祈求上苍保佑“大清得享二十有五之数”，可是清朝在他之后只传了六代，这是他无法预见到的。

大家都听过传国玉玺，那这二十五方哪一方是呢？

《大清会典》里记录，“皇帝奉天之宝”是皇帝祭天地和过生日时钤在祝词上用的，它即为传国玉玺。乾隆看了之后很生气：本朝祭祀不用盖印，直接署名。而且乾隆过生日也不写祝词告天，何来用这方印之事。他说修会典的诸臣学识浅薄，这准是照抄明代的，而且也没让皇帝过目，写的那些事都与本朝无关！

秦朝传国玉玺是中国历史上最著名的，传说它由和氏璧制成，上面镌有“受命于天，既受永昌”的篆文。新王朝建立后，都要想方设法得到这方玉玺，以昭示自己得位的正统。乾隆发现这方秦国传世玉玺不知何时起也贮藏在交泰殿，当时还就摆放在正中间。乾隆分析说：“虽类古所传秦玺，而篆法拙俗，非李斯虫鸟之旧明甚，独玉质莹洁如截肪（指玉质好）。”也就是说，交泰殿这方秦国传世玉玺仅是玉质上乘，但印文字体与秦代不符，所以它被乾隆鉴定为赝品。“政斯之物，何得与本朝传宝同贮！”秦朝不过才传了二世，乾隆哪里瞧得上，他说：“君人者，在德不在宝。宝器非宝，宝于有德。”秦传了二世就亡了，是无德啊！所以就算真是秦玺，乾隆也不打算和本朝这二十五宝并行使用。

秦代传国玉玺既然被认定为假，清代这二十五方中乾隆也没有明确哪一方为大清传国玉玺。只是其中一方“敬天勤民之宝”乾隆独为看中，因为这也是他父祖所看中的：

“惟此截肪，用以三世。匪贵其材，宝珍其义。其义云何，敬天勤民！”

十五

坤宁宫祭神

祖辈的传统

坤宁宫是紫禁城中最具满洲（族）原始特色的一处宫殿，这里遵照满洲传统每天都有神职人员祭神。每年春秋月朔大祭、腊月二十三祭灶神等重大节日皇帝还会率众亲临。开春临到大祭的日子，他都得从西苑或圆明园还宫，因为乾隆常不在紫禁城过年。祭神这样的祖制乾隆历来都是严格奉行的。

“故宫兹路寝，禋礼例依前。”（路寝：指居住的宫殿；禋礼：指祭祀。）

乾隆在这里提到了“故宫”，当然不是我们现在的故宫，而是乾隆老家盛京的皇宫。乾隆曾四次东巡盛京，并在盛京的清宁宫举行祭神典礼。祖制“祭神必于正寝殿”，清宁宫就是盛京皇宫的正寝殿。入关之后，清人将原紫禁城的中宫（明代皇后的寝宫）——坤宁宫，仿清宁宫进行了改造。东屋仍是寝宫的样子，作为帝后大婚的洞房。西边通连的一大间则是全力满足祭神活动的需要。

“割肉躬为倡，颁糕远莫遗。”（躬：亲自；远：指亲友。）

祭神屋子的东北角有三口大锅，两口煮肉，一口蒸糕。食祭肉（吃福肉）是祭祀中重要的一项内容。乾隆带着皇子皇孙们皆亲自持刀割肉，以表示恭敬受福、不忘祖先之意。按旧俗分食的祭肉必须在室内吃完，而福糕、福酒则可以拿出屋去遍赠未至亲友。

“癸亥有主妇，甲戌已弗同。然尚奉徽音，糕酒敬献衷。戊戌及兹至，两事渐成空。祀典不宜厥，受厘我独翁。”（癸亥：指乾隆八年，甲戌：指乾隆十九年，戊戌：指乾隆四十三年。徽音：指太后；受厘，祭祀受福。）

按敬神旧例，凡行礼受福必主妇躬亲，所以乾隆八年第一次东巡盛京时，一切祭礼事务都由孝贤皇后来打理。大祀神时先期要蒸糕酿酒，“以昭吉蠲”，乾隆按旧制要先进奉糕酒给母亲崇庆皇太后。乾隆十九年第二次再东巡时，孝贤已经过世，但老太后是陪着来了。乾隆四十三年第三次再来的时候，皇帝已是孤家寡人，老太后前一年刚刚过世了。

满洲（族）所祭之神包含甚广，但坤宁宫有一项重要的祭礼却不是他们的传统祭礼，那就是祭灶神。

“屈指岁除值来复，廿三神祀举坤宁。”

“廿三神祀”指的就是腊月二十三祭灶神。祭灶神是汉晋以后所传的七祀之一，非天子应行大典，康熙朝就从未举行过。

“乡村腊廿四，家家祭灶王。城中二十三，比户灯烛张。”

只是传统的民间祭灶神是在腊月二十四，宫里是从雍正朝开始才规定要祭灶神，但是日子定在了腊月二十三。坤宁宫灶前面南敬设天地神位，要行九拜礼，以迎新年福禧。还要在东厨灶神位前三叩首，以求来年物丰人和。

“深忆昨年示，明礼是日呈。政归应子事，体健此躬行。”

本来坤宁宫的祭祀应是当朝皇帝的事，但乾隆直到当了太上皇之后还是亲力亲为，他觉得自己虽年将九旬，但“身体康健，且敕几训政无异常”，像祭神这样的祖制他更是要严格奉行到底。

清 《胤禛行乐图》

十六

御花园观光

乾隆参观的名胜古迹

“紫禁御园传自明，古木葱郁长发荣。”

在紫禁城中轴线末端的这处御花园是明代就有了，园里面殿宇错落，珍石罗布，又有古柏、藤萝，皆数百年物。

堆秀山和延晖阁是御花园北端一东一西的两处置高点。

乾隆说：

“堆秀山前桃始华，延晖阁畔柳丝斜。”

但如今无论是堆秀山前的桃，还是延晖阁畔的柳都早已不见了踪影。当年帝后们喜好来这两处登高望远：

“阁道依窗拾级登，千门万户畅临凭。”

“北户景山秀堪揖，南墀古柏俨成行。”

堆秀山、延晖阁都高于宫墙，山中或阁内均有登高的台阶。可拾级而上，凭栏望景，北看景山风景秀美，南见宫柏森然有序。

紧挨着堆秀山东侧有乾隆收贮《四库全书荟要》的摛藻堂。摛藻堂向为藏书之所，乾隆三十八年命集《四库全书》，择其精要者录为荟要，共计一万两千册，收贮于摛藻堂内。摛藻堂西室正好被殿外古柏所遮蔽，是个纳凉读书的好去处。摛藻堂虽是乾隆朝所命名，但建筑和古柏都算得上是明朝的古迹，特别是那株古柏：

“摛藻堂前一株柏，根盘厚地枝擎天。八千春秋仅传说，厥寿少当四百年。”

松柏四季常青，虽能生长个几百年，甚至近千年，但也有枯死的。如今摛藻堂南有一处古柏，春夏之交竟还绽放出粉紫色的花朵。原来，这是一处枯死的柏树，后来花匠在树下种植藤萝，渐渐缠绕整株大树，到了春天，古柏仿佛二次重生：

“禁松三百余年久，女萝施之因亦寿。”

乾隆还曾专门叮嘱匠人不要在活树旁种藤蔓，那样容易把树缠死。“藤缠树”再往南是绛雪轩，它是御花园里较为古老的建筑，乾隆时已称其为“绛雪百年轩”。

“秾春何处归来早，堆秀山前绛雪轩。”

因为轩前种有五株古海棠，凡大雪之后，皇帝都命人扫雪并像培土一样集于树的根部。细心栽培之下，每年二月份红色的海棠花都是御花园里最早盛开的。海棠先开花后长叶，红色的海棠花瓣飘落时就像雪片一样，该轩由此得名绛雪轩，绛指红色。

“适才咏梅开，静怡之前墀……撷彼复搴斯，胆瓶共贮枝。”（静怡：指建福宫的静怡轩；撷、搴：均为采摘之意。）

猫了一冬的乾隆开春很有雅兴，他会先去建福宫的静怡轩前折一枝晚开的梅花，再来到绛雪轩折一枝应时的海棠，把它们一起插到青瓷胆式瓶里欣赏，真是小雅怡情啊！其实这在乾隆这儿也不算新鲜事。他早就干过冬天里（冬至前后）把盆栽晚开之菊和花窖中的早梅同贮一瓶的乐事，还开玩笑地称“渊明、和靖友忘年”，指晋代陶渊明爱菊，宋人林和靖爱梅。

轩前除了名花，还有奇石。那是黑龙江将军福僧阿所进的一块木变石，长一米有余，产自黑龙江。乾隆年间，新疆吐鲁番、哈密等地，尝岁贡木变石，但都不如这一块长。从外表来看它是块糟朽的木板，但摸上去却是非常的坚硬，敲打一下，真是块石头。乾隆题诗并命工匠刻于其上：

“不记投河日，宛逢变石年。磕敲自铿尔，节理尚依然。旁侧枝都谢，直长本自坚。康干虽岁贡，逊此一峰全！”

花园不说花，岂不是很遗憾?

桃花：

初春，桃花最早娇嫩盛开，可在乾隆时北方春天的风沙就大得不得了。

“春花使者趱程期，报道名园第一枝。无奈东风忒相妒，三分尘土一分姿。”

蔷薇：

春天，蔷薇的花色很美，但人们首先想到的，是它枝干上有刺，不得不防。

“多刺休言善勒人，葵能卫足此防身。”（善勒：指刺刮人皮肤；葵能卫足：借葵草之叶可以为自己的根须蔽阳之例，比喻蔷薇多刺能保护自己。）

芍药：

春夏之交，芍药、牡丹先后盛开。同期的花中，芍药是最为朵大而艳丽的。当春季的花都败后，牡丹花才开，它却比芍药花繁艳尤胜。

“倚栏一种无言恨，只妒花王青出蓝。”（花王：指牡丹。）

石榴：

端午前后，石榴花盛开并结果实，只是火红色的花虽然无比鲜艳，但却无丝毫香味。

“焰焰枝头缀绛囊，可怜有色却无香。”（焰焰：指石榴花的火红色；绛：指红色。）

牵牛花：

《本草纲目》注云：此药始出田野（农村），人牵牛谢药故以名之。

“田家谢药得名由，袅袅枝头迎早秋。”

桂花：

金秋时节桂花盛开，虽没有大瓣的花朵，也不艳丽，但却香味浓郁。

“花中称馥不称妍，玉露金风体欲仙。”（馥：香气浓郁；玉露金风：指秋季。）

梅花：

踏雪寻梅是最有诗意的。

“四时花木足，最喜是园梅。傲雪三冬里，因风几朵开。清香留玉骨，冷润滴冰腮。独有幽人赏，巡檐杖策来。”

十七

斋宫斋戒

皇帝的虔诚

祭祀前先要斋戒数日，这是人们出于对神灵和祖先的敬诚，以期祭礼能够得偿所愿。紫禁城里的斋宫是皇帝大祀时斋戒的居所，它位于内廷的东侧（左侧）。

乾隆说：

“斋宫路寝左，大祀乃迁居。一岁率三度，此心弗改初。”（三度：每年有三项大祀，皇帝要去斋宫居住。）

清代祭祀分大祀、中祀和群祀。南郊、上辛、雩祭这三项大祀乾隆最为重视，即冬至在南郊圜丘祭天；正月上辛日孟春祭上帝于祈年殿（祈谷）；孟夏常雩（求雨）礼祀天于圜丘。这三项大祀，皇帝需亲自行礼，之前先斋戒三天，前两天住在宫内斋宫，第三天住宫外坛庙的斋宫。

那其他的祭礼皇帝斋戒有什么不同呢？

“南郊有成例，迁坐居斋宫。北郊弗迁坐，便殿如常同。”（北郊：地坛祭地；便殿：指不用专门去斋宫斋戒。）

其他祭礼可派遣官员代行，皇帝也不用搬去斋宫了，但要留在养心殿斋戒。无论在哪儿斋戒，皇帝都要沐浴穿上干净的内衣；不吃葱韭类，不宴会，不饮酒，不作乐，不理刑名，大祀斋戒还特别要求不能食辛辣。斋戒之日，为保证所有人都至诚至敬，不但殿庭安设斋戒铜人（由太常寺官员进铜人，陈于乾清门左侧，铜人手执牙骨类板片，大祀时上书“斋戒三日”），坐卧之处亦书斋戒牌，还令陪祀各官佩带斋戒牌于胸前，使大家相互提醒和监督。

为什么斋戒规矩这么多，又是如此的严格？

“民所重惟食，圣所慎惟斋。”

因为许多祭典都和农业生产、国计民生密切相关。民以食为天，国以民为本。若上天不能风调雨顺，国家不能养活百姓，那将会带来覆亡的危险。每遇斋戒日期，皇帝带头“必

清朝祭先农坛场景

检束身心，竭诚致敬，不稍放逸”，这样“始可以严昭事（指祭祀）而格（感通）神明”！乾隆在这方面的虔诚是清朝皇帝中数一数二的。

“旧恙愈微未复全，恐失威仪遣恭代。”

乾隆七十四岁时，因去年所患气滞旧恙再次发作，当年正月初五上辛日祈谷大祀只好遣皇六子永瑢恭代行礼，但他自己仍坚持去斋宫斋戒。当时他回忆自己临御四十九年以来，祈年

大典无不躬亲，只有两次特殊情况，最早一次还是早在乾隆五年因天气严寒、咳嗽初愈，他只好遣和亲王弘昼恭代。

夏至北郊祭地也属于大祀，但那正是天气最热的时候，康熙、雍正年间大都派皇子或大臣恭代。乾隆还是皇子时，从雍正十一年开始,每年都受命代祭地坛。他即位后几乎“每岁无不亲行”，只有乾隆五年、乾隆十三年、乾隆四十八年三次遣亲王、皇子恭代。这也是有特殊原因的，其他两次是因病，乾隆十三年是孝贤去世那年因皇后丧期不足百日，故遣人代祭。乾隆说:“诚虞不洁，匪虑身劳也。”他强调自己的缺席可不是因为怕热。但天气热的现实是存在的,乾隆也说过宫中斋戒三日颇甚炎热，今乘舆还御园，郊外觉凉爽宜人。

如果斋戒日子和别的大日子发生冲突了怎么办?

斋戒优先。

“敬率群公趋凤阙（指慈宁宫），值斋庆典例移前。”

乾隆三十七年十一月二十二日皇帝率群臣来慈宁宫为太后庆寿，不过这天可不是太后生日的正日子。太后生日是十一月二十五，但当年冬至日是十一月二十七。冬至大祀祭天之前皇帝要斋戒三日，不可更改和违背，太后生日时，皇帝仍在斋戒中，于是就把老太后庆寿活动提前了。

“礼云毋不敬，继曰俨如思。”

乾隆当太上皇之后，像冬至日大祀他仍会在养心殿斋戒三日,到了正日子还要去大高玄殿所奉上帝位前“躬亲肃叩、用展恪诚”，正式活动就得由嘉庆这位新皇帝去了，他也像父亲那样一直严格遵守斋戒制度。

“元正大朝会，期改值斋居。”

元旦是清宫三大节之一，皇帝在这一天要御太和殿受贺，举行大典。嘉庆二十五年正月初四为上辛日，要去南郊祈谷，而正月初一元旦那天正好是斋戒的第一天，为了保证斋戒的需要，嘉庆改在初五日御殿受贺。

“值斋服从吉，原庙未躬行。”（原庙：此处指奉先殿和寿皇殿。）

乾隆于嘉庆四年正月初三日去世，这一天也成了他的忌日，按礼每年他儿子嘉庆要到宫内的奉先殿和景山的寿皇殿行礼。但嘉庆二十年正月初五为上辛日祈谷，初二嘉庆就已入斋宫斋戒，初三那天只好遣皇次子绵宁于奉先殿、皇三子绵恺于寿皇殿代为拜祭。

斋居时，做什么都受限制，皇帝受干扰就比较小。虽仍正常办事，但奏章就不再进呈给皇帝了。手头政务略一清闲，乾隆可以读读经写写诗，白天黑夜地独享这一份清静。

“斋居颇有暇，亦不废清吟。”

“更有挑灯暇，经书趣可寻。”

但实际上很多时候乾隆想闲也闲不住。乾隆三十四年殿试传胪之后，新进士俱应引见并分别录用，这时皇帝通常已去圆明园，但若在远离市区的御园抡选（选拔、挑选）进士们，又恐人多赁居（临时租房子住）多有不便。所以就令借进宫斋戒（夏至祭地）之便，令于十五、十六两日按省分班带领众人入养心殿引见，以示体恤。

乾隆三十三年祈谷斋戒时，正值清军与缅甸军队作战。像这样的军机要务，乾隆更是不得不通宵关注。

“庶务可暂屏，军邮即批示。丙夜亦夙兴，渴望捷音至。”

（丙夜：指三更半夜；夙兴：意为早起。）

乾隆十九年三月二十三日至四月十二日这期间，先后赶上祭先农、常雩等祭典，共斋戒了八天，但乾隆的心绪却一直没能平定：

“绪繁云缘何？望泽意殷然……及时施甘膏，乃可期饼饘。”（望泽：指天干旱，盼降雨；饘：稠粥。）

因为北方春旱少雨是常态，乾隆常要为此发愁。“雨雪于春为艰致”，这也成了乾隆的一块心病。除了虔诚地举行祀典、斋戒，贵为皇帝的他也徒呼奈何。

“春当艰致喜晴事，时若幸稀愁旱吟。”

若能在乾隆御制诗里见到某年春天写名为《喜晴》的诗，说明这一年开年雨雪充足，那于国于民实在是幸事了！

十八

毓庆宫居所

皇子时的记忆

毓庆宫紧临斋宫的东侧，这里的事更多和皇子们生活有关。

乾隆于康熙辛卯年生于雍亲王府，即后来的雍和宫。十二岁时康熙恩准让他住到紫禁城的毓庆宫东所。

乾隆七十岁那年赴雍和宫参加典礼时回忆说：

“十二幼龄才离此，讶今瞥眼七旬人。”

雍正五年，十七岁的弘历（乾隆皇帝）大婚，娶富察氏（孝贤皇后），迁居到了乾西二所（乾隆继位后称重华宫）。之所以迁走，乾隆解释说：

“初咏关睢吉所迁，避名毓庆圣恩渊。”（关睢：指成亲。）

原来，毓庆宫这座建成于康熙十九年的宫殿，本是康熙为其子胤礽建造的皇太子宫。康熙五十一年，康熙“二废太子”之后，在其有生之年未再立皇太子，毓庆宫主人一直空缺。到了雍正朝开始实行秘密立储制，这座昔日的东宫昭示着前朝激烈的储位之争，并非吉地。故而雍正让成年后的弘历迁居乾西二所，避免被“太子”的浮名所牵累，实则是对他的一种保护。

雍正的儿子不多，弘历幼年时期只有同岁的弟弟弘昼一起住在毓庆宫。两人早上一起去上书房，晚上一起回毓庆宫，感情最深。

“日课每速毕，师留为之辞。以此倍多读，胥益平生资。”

乾隆忆起上学时，因弘昼学得慢，自己课业完成了，老师福敏不让走，又给他加课，让等着弟弟一块走。小弘历当时年幼还有不甘，但却因此多学，日后成倍受益。

再后来弘历住进了宫内的乾西二所，二十二岁时被父亲封为和硕宝亲王。弘昼则被封为和硕和亲王，住到了宫外的和亲王府（今北京市东城区张自忠路 3 号）。乾隆继位后，曾有人私下议论雍和宫旧邸可赐给和亲王弘昼居住；但乾隆认为这是父皇的潜邸，不宜安排皇子居住，把它改为了奉佛之所：

“濯龙真福地，奉佛永潜宫。”

乾隆三十五年夏，弘昼患病痢，虽经御医诊治，但病情还是日渐加剧。乾隆专门从圆明园还京，入和亲王府探望其弟。

“邸第亲临缘视疾，轻舆复此返都城。咏诗申志恒敦爱，煮药燃须太矫情！”（邸第：达官贵族的府第。）

《资治通鉴》中记载，唐玄宗的弟弟薛王李业生病，玄宗亲为煮药，让火把胡须都给燎了。玄宗很动情：“但使饮药而愈，须何足惜。”乾隆说玄宗他这样可有点矫情：“友爱贵合中庸之道，煮药岂无仆侍？何必身亲损须，且亦何益于疗治？记载家铺张失实，殊不足取。”

“一朝丧弟兼贤辅，自顾何心庆六旬。”

同岁的弟弟正好陪乾隆走过了六十个年头。弘昼于乾隆三十五年七月去世，卒年六十岁。可令乾隆没想到的是弘昼之子永璧袭爵至乾隆三十七年三月去世；永璧之子绵伦又袭郡王，至乾隆三十九年十月去世。

“五年弟宅阅三世，戚戚情牵一怃然。”（阅三世：指三代人先后故去。）

五年间兄弟家三代人先后去世，乾隆很是悲伤和遗憾。但弘昼的母亲（弘昼和乾隆同父异母）却是超长寿。

“百载宫闱固多庆，九旬介寿此初传。”（介寿：祝寿。）

宫中老太妃们有几位度过七十、八十大寿的，但像和亲王弘昼的生母皇贵裕太妃那样过九十大寿的可真是屈指可数。裕太妃最终享年九十六岁，谥纯悫（意诚实、谨慎）皇贵妃。

话再说回来。

毓庆宫作为“蒙养”之地，乾隆的儿子们年幼时也住在这里，包括后来继位的皇十五子永琰。他们兄弟长大后才各自分邸居住，永琰则移居到了紫禁城的撷芳殿。

嘉庆说：

“紫禁东偏髫岁居，何期圣泽独施予。”（髫岁：意指儿童时期；圣泽：指立储。）

乾隆临归政时，十七个儿子只剩四个，皇八子、皇十一子、皇十五子和皇十七子，他们也都已近中年。那年夏天（乾隆五十九年）乾隆命人将毓庆宫重新修缮，九月三日宣布皇十五子永琰为储君（即嘉庆皇帝），十一月十八日命永琰由撷芳殿移居于此，并赐额曰“继德堂”。永琰又住回了他年幼时居住的地方。

新皇帝为什么只能住在毓庆宫？因为乾隆又当了三年训政的太上皇直到去世，他占着养心殿就没走。

嘉庆说：“髫岁居兹习简编，承恩训政又三年！”

嘉庆皇帝像

十九

箭亭习射

勉力维持的骑射旧制

在景运门外东南方有一片空旷的广场，广场中立有箭亭一座，它名为亭，实则更像是一座宫殿，此处为紫禁城内演习骑射的地方。

乾隆说：

“弓矢丈夫事，国朝更擅精。”

骑射一直是满人引以为豪的技能，它们的祖先曾以此谋生，后来又以此夺得了天下。但盛世之下，满洲贵族骄逸自安，弓马之技日渐废弛。乾隆见状忧心忡忡，担心照此下去，不仅满洲祖制习俗有湮灭的危险，最终也将会危及满洲的长久统治。乾隆十七年三月二十日，乾隆召集亲王、贝勒、文武大臣重温族谱与祖宗遗训，以示不忘本族习俗。并立一石碑于箭亭内，亲书谕旨要求满洲贵族“衣服言语，悉遵旧制。时时练习骑射，以备武功”。致力于保存本民族的文化习俗和尚武精神，乾隆认为这才是清王朝长治久安的保障。

箭亭毕竟是位于皇宫大内，更多的还是象征意义。清朝皇室的操练更多是体现在木兰秋狝（意打猎），南苑、避暑山庄等行围活动中。

“门前呈射年十二，蒙奖深恩识至今。”

乾隆自小在射术上有着良好的禀赋，同时也接受了皇家严格的训练。康熙六十一年十二岁的弘历当着爷爷康熙的面在避暑山庄宫门前展示了自己的优秀箭法，康熙恩赐他两眼花翎和黄马褂。乾隆还一直珍藏着康熙奖赏的十二枚御用韘（即古代射箭时戴在手上的扳指），以示不忘祖制和爷爷的恩典。

习箭之外，乾隆年少时还师从十六叔庄亲王胤禄学习火枪，乾隆学枪上手也很快，初试枪时，庄亲王命缚一羊在百步之外，乾隆一枪命中。康熙皇帝本就十分注重武备骑射，内府藏有康熙使用过的虎神枪、花准神枪和旧准神枪。传到

乾隆步射场景

乾隆这里，乾隆木兰行围或在避暑山庄时常用花准神枪、旧准神枪来猎鹿（鹿多时就先用花准神枪，补射时用旧准神枪，无不应声而倒），虎神枪则用来打虎，乾隆十七年秋他就曾在岳乐围场用虎神枪击毙了一只虎。

“去秋大蒐木兰鹿……今春小试南海子。”（大蒐：指古时通过田猎活动来组织军队、任命将帅、训练士卒的重要军事活动。）

乾隆一生从未上过真正的战场，尽管他有十全武功，但

乾隆骑马射猎场景

綠原小試信閑
驄俞騎鴻綱總
五旗勝日尋芳
典示度雕龍何
用賦素蒐露潤
青衢草氣韶陽
和舉目化機含
季登浸翎中雙
兔一日雙還信彼
三是日凡中八兔生風耳後
最豪情付廿年
前績壞平不瘢
武還思諫獵箇
中吾自有權衡
南苑行圍即事三首
乙亥暮春御筆

全部都是"遥控"指挥。木兰围场、南海子等处就成了他真实的战场。

"设如指叶期必中，尽信书曾不若无。"

《国策》一书中称春秋时楚国有位神射手养由基，他在杨树上选好一片叶子，并用朱砂点一标记，然后距树叶百步而射之，百发百中，即百步穿杨。可乾隆从实践中得知，百步之外，视力再好的人也看不清那一点，估计传说中视力超强的离娄都难。如果说是百步之外射中树干还差不多。

乾隆虽不是神射手，但他的基本功还是相当扎实的，只是五六十岁的时候左胳膊的毛病（左臂不能支撑）越来越影响到他，因为步射时需"体平持满"方可命中。更多的时候他只能追忆当年的风采了。

"廿连十九当年事，回想犹疑众定疑。"

乾隆二十多岁时可以拉五、六力弓。三十多岁时，他甚至能拉开九力弓（弓力数越大，说明拉弓者的体能和技艺越强）。乾隆三十七岁那年秋天"于（避暑山庄）大西门楼前较射，发二十矢中十九"。三十八岁那年夏天"圣母（崇庆皇太后）御楼观射，（乾隆马射）复十中其九，破的（靶）者三"。乾隆最爱回顾这段自豪的时刻，可日后那些见识过他当年精准射术的见证人——他身边的御前侍卫及乾清门侍卫多已故去，剩下的也就只有札拉丰阿、福隆安等寥寥几位，真是太遗憾了。

"夫自思，犹疑若乌有，况未亲见者能不疑乎？"

话说乾隆因臂病射术大减，五十岁之后只能拉三、四力弓，步射已不可为，但马射借助马力尚可命中。后来一次南苑行围，他问同行的弟弟弘昼"尚能马射否"，很奇怪弘昼也患了臂痛的毛病（不知和乾隆是否同样是左臂），他连马射也不行了。看着同样两鬓生白的兄弟，乾隆回想到四十年前，小兄弟俩来南苑还并驾“逐兔争驰”，如今兄弟可以歇一歇，他却不能够。

“图逸尔或可，习劳我难委。”

乾隆仍然坚持上阵习射，满人习俗向有“软弓、长箭、快马、轻刀”一说，他从小操练还是打下了良好的基础。但随着年龄的增加，即使弓换成软弓，箭靶换成大标的，他也不能保证命中如昔了。到八十岁之后他还在坚持，但他完全不行了，有一次行围曾试用两力半弓射猎，却都没有射中。虽然大家都还称赞他身体康健，但现实摆在这儿。好在乾隆情绪调整得快：我已然望九之年，原不以筋力为强。弓虽然拉不开，但枪法的准头还在，乾隆八十四岁时在避暑山庄用枪射鹿，枪响鹿倒，还是惊呆了众人。老乾隆觉得自己犹能如此，实在是天恩祖德之所垂佑。

清廷在各处皇家御园都建有骑射操练的地方，大多称为箭厅而非箭亭。年迈的乾隆已很少亲自上阵了，他说：“（射术）早已中不如昔，故愧而弗为。非好逸。”

“箭厅犹自瞻檐额，忆古微惭拊髀人。”

拊髀人这个说法是他借古人的故事，说自己长时间不锻炼，大腿上又长肉了。

自己虽然较少上阵，但乾隆对后辈们的督促从未放松。

“元孙八岁三箭中……弧矢四龄争较早……”

就像当年皇祖康熙在山庄观小弘历射箭一样，乾隆五十六年八十岁的乾隆也带着诸皇孙来避暑山庄，在山庄正门前较射，发五箭能中三箭者就有赏。皇孙质郡王绵庆，年十三，中三箭，赏三眼花翎和黄马褂以示奖励。元孙载锡年八岁，也中三箭，比乾隆当年还小了近四岁，实在难得，即赏黄马褂和两眼花翎。

“八袠行围勉自强，后言想不谓禽荒。”（八袠：指八十岁；后言：指背后非议；禽荒，指沉迷于田猎。）

乾隆一生中行围狩猎频繁，尽管是出于操练八旗技勇之目的，但乾隆也恐此举受后人非议。他不断解释说：“若图娱乐，则圆明园万寿山等处山水既佳，又无须远涉，岂不胜于射猎之劳。况园中旷野，秋高气爽，而予以八旬开一之年，每日清晨冲寒不惮劳勚者（指冒着寒冷，不辞劳苦），正以家法昭垂，万年所当遵守，不敢不勉。”

二十

军机处的大员

皇帝的高级秘书班子

军机处没有办事衙门，只有军机大臣值房，在隆宗门内，距离皇帝的养心殿数步之遥。军机大臣分两班轮流当值，随时等候皇帝在养心殿召见，处理皇帝交办的一切事务。因为是轮班用的值房，室内布置比较简单，除必备的办公用品和供休息的设施外，几乎没有其他陈设。乾隆朝有许多著名的军机大臣，他首先提到了这两位：

“喉舌专司历有年，两朝望重志逾坚。”

“早年勋绩振南蛮，黄阁谕思久任艰。”

这两句诗先后称赞的分别是大学士张廷玉和鄂尔泰，军机处创设于雍正朝，这是两位雍正时期的重臣，也成为乾隆初期军机处的栋梁。军机大臣虽有一定权力，乾隆也在诗中以“喉舌、黄阁”等重要称谓来形容军机大臣，但其实军机大臣只是秉承皇帝旨意办事，不是能在一定程度上制约皇权的宰相。所以军机处没有“首长”，再大的官员入值军机处，那也只是皇帝的“秘书”。

除了满大学士鄂尔泰、汉大学士张廷玉，当时还有两位雍正朝宗室入值军机处，这就是果亲王胤礼和庄亲王胤禄——乾隆的两位叔辈。但乾隆鉴于康熙、雍正两朝宗室王公掌权，兄弟阋墙的教训，他完全排斥宗室亲贵执政。乾隆初年，军机大臣果亲王胤礼逝世，庄亲王胤禄得罪黜退，终乾隆之世再也没有宗室进入军机处。乾隆时形成的亲王宗室不入军机处的制度，直到慈禧垂帘听政时期才又有了恭亲王奕䜣、庆亲王奕劻等入值军机处，直到清朝覆亡。

乾隆罢黜了旧臣之后，起用了孝贤皇后的亲弟弟傅恒，还有以乾隆亲信侍卫出身的舒赫德、兆惠、阿桂等新人，日后他们也都成了功勋卓著的军机大臣。

“凯旋赞黄阁，章服三锡晋。”（三锡:指皇帝赏赐大臣的三种器物。）

乾隆十三年，傅恒经略金川战事（第一次），后以功封一等忠勇公，乾隆亲赐以红宝石顶、金黄带、四团龙补以示宠异。乾隆二十年，傅恒参加西师之役，功成之后图画紫光阁列功臣第一位。乾隆三十年，征讨缅甸战事时傅恒在前线不幸染病，年未五旬便英年早逝。

“西师历五年，准回两进讨。”

雍正初立军机处，兆惠即为军机章京。后以平定回部战功和傅恒一样被赐予红宝石顶、金黄带、四团龙补，后以功封一等武毅谋勇公。“兆惠搜剿准夷遗孽,则有鄂垒扎拉图之围。进讨回部逆酋则有喀喇乌苏之围，皆能全师以出，历险而亨。由其忠诚素笃，济以谋勇，故能邀天佑而叶师贞也。”兆惠身经百战，平准平回的几次大战役遇险均能率部全身而退，乾隆称赞他有勇有谋，才能屡次化险为夷。

“一痛嗟何及，千劳忆匪遥，恨无执手诀，城阙锁深宵。”

乾隆二十九年冬，兆惠因病回府调养，乾隆一天内两命御前侍卫偕御医前往，诊视过后病势稍减。但不想第二天一早兆惠病故的消息就传来了。乾隆三十七年，乾隆和兆惠家

傅恒像

结成了亲家，乾隆第九女和硕和恪公主下嫁兆惠之子扎兰泰。

“耳重目明政何碍，前功后业福犹申。”

阿桂是乾隆中后期首席军机大臣，他自丙申入阁直到乾隆归政，入阁二十年。西师之役阿桂即以侍郎参赞军营，后为将军平定两金川，晋公爵。至台湾、廓尔喀用兵时，阿桂以军机大臣居中随侍办理。四次功成，绘像紫光阁，功崇福厚，远超史册所记。阿桂八十岁时仍在军机处任职，“两耳重听而目力尚能阅小字，奏章部牍无碍佐理机政”，可谓是乾隆朝的一位福将。

“到处称名将，功成勇有谋。”

与阿桂一样战功赫赫的军机大臣还有大学士福康安。福康安为大学士傅恒之子，弱冠即出师金川，后又平定石峰堡、台湾、廓尔喀等处。乾隆十全武功他参与其中三次。乾隆称赞他“秉性忠纯，才猷敏练”。

“自叹贤臣失，难禁悲泪收。”

福康安正当年富力强之时，却在平定苗疆的战事中染病而亡，乾隆也是扼腕悲痛不已。

还有一个人不得不提，他与阿桂几乎同时入值军机，但却年轻许多，这就是乾隆晚年的宠臣和珅，时人称其“善测上意，宠冠诸臣”。虽然嘉庆一登基就宣布了这位大贪官的罪状，抄家并赐死。但他的确有真本事，也为乾隆所认可。

在平定廓尔喀战事中，皇帝所有指示机宜兼用满文、汉文，此外颁给达赖喇嘛及传谕廓尔喀敕书兼用蒙古字、西番字。

乾隆说：“臣工中通晓西番字者殊难其人，惟和珅承旨书谕俱能办理秩如。”（秩如：指条理井然。）

阿桂像

早在平台湾时乾隆也曾称赞和珅：

“承训书谕，兼通清汉。旁午军书，惟明且断。”

乾隆还有一首名为《确信》的诗直接提到了他：

“和珅及阿桂，先后到次第，乃据实情报，庸臣败国事。”

记录的是因前线官员迟疑观望失去战机，乾隆派大学士阿桂、尚书和珅去兰州督战的事。可见和珅在乾隆朝鞍前马后，的确没辜负乾隆的信任。后来乾隆也和他结成了亲家，以十公主和孝固伦公主嫁于和珅之子丰绅殷德。

“虽无赫赫名，却有休休度……初供批本职，后充侍卫护。弓矢固所习，悫勤更其素。”（休休：形容君子心胸宽广；悫：诚实。）

来保这个名字虽不出众，但他亲历三朝。侍康熙二十余年，官一等侍卫，雍正时改内务府总管，乾隆即位后他六部尚书当了个遍，后升为大学士入值军机。乾隆“每询以康熙年事，娓娓可听。巡幸、行围诸典尤悉，盖其在御前最久也”。之所以能在三朝皇帝身边如此之久，正是因为来保文武双全，诚实勤勉。

“得古大臣风，终身不失正。”

汉大学士之足资倚重者张廷玉之后还有刘统勋，乾隆称其“练达端方、秉公持正，朝臣罕有其比。故凡谳（指审案）大狱，督大工悉命往”。乾隆三十八年冬，刘统勋乘肩舆入东华门，痰忽涌上，抬回家后就去世了。乾隆还遣使带药来救治，但也来不及了。

二十一
养心殿

1. 前殿——雍正的痕迹

养心殿位于乾清宫以西。康熙驾崩后，雍正即以养心殿为倚庐（守孝之处），在守孝期满后定此为“寝兴常临之殿，勤政于斯”，即前殿办公，后殿居住。将批章阅本、召对引见等一切政务俱从乾清宫转移到了这里。

而乾隆在这里的生活也是从守孝开始。乾隆在养心殿为父亲雍正守孝二十七个月，历经两夏。

乾隆说：

“忆当元二年，廿七月守制。宫居未园居，夏月度两次。”（元二年：指乾隆元年和乾隆二年。）

养心殿里留下了很多他父亲的痕迹：

大殿正间是臣子们来觐见皇帝的礼节性空间。正中宝座上方有雍正御书匾额“中正仁和”。这是雍正传下来的治国安邦四字法则，乾隆日夕瞻仰，并告诫后辈永远铭记：

“守中惟不倚，居正要非偏。仁则物皆育，和斯情毕联。”

乾隆三十三年是雍正九十周年诞辰，乾隆去泰陵祭祀他的父亲。雍正皇帝于雍正十三年八月二十三日去世，终年五十八岁。

“五十八归天上永，九旬一岂世间无。春山古树增深感，勤政亲贤奉远谟。”（远谟：深远的谋略。）

“勤政亲贤”是雍正御书的另外四字，悬挂于养心殿的理政场所西暖阁内。除此之外“离宫视事之所皆以勤政名殿”，在皇家的西苑、圆明园，分别有康熙、雍正题额的“勤政”殿。乾隆也在清漪园、静宜园及避暑山庄分别题写了“勤政殿”匾额。他强调说：“盖家法相承，虽游豫之处弗敢忘也。”

“题章黄阁票签呈，阅折朱批手自评。”（票签：内阁对各地上报的题本提出处理意见，再进呈皇帝朱批。）

乾隆的时候，部院及各省督抚照例题本事件，俱由阁臣票签进呈，皇帝览毕批发。而各省及新疆关系紧要事件俱用奏折封函直接进呈皇帝批阅。乾隆“日于此披省章奏，召对臣工，亭午（正午）始退”，无论在哪处“勤政殿”办公，他都做到了像父辈一样的勤政亲贤。

2. 三希堂——乾隆钟爱的小室

当然乾隆在养心殿也留下了自己的烙印。就在养心殿最西头，有一处里外间加一块儿不过八平方米的雅致小室。乾隆十一年将此处命名为“三希堂”。名字由来原因有三，但其中一个原因是这里贮藏了三件稀世之珍，即晋代的三件书法作品。

“快雪时晴洵书圣，中秋姿媚中藏筋。伯远一帖推后劲，遒逸自足追前尘。”

这首沈德潜的《三希堂歌》说的即是东晋王羲之的《快雪时晴帖》、王献之的《中秋帖》和王珣的《伯远帖》。

“东晋至今十六代，离合聚散同烟云。太清楼空几泯灭，宝晋斋废疑沉沦。至宝阅世永不坏，鬼神呵护留乾坤。”（太清楼指北宋皇宫中的藏书楼，宝晋斋指北宋米芾的书斋，都曾收藏过这三帖真迹。见沈德潜《三希堂歌》。）

这三件珍贵的书法作品历经千百年的治乱兴衰、存亡离合，最后汇聚一堂，真是难得的幸事。

乾隆御题的“三希堂”匾悬挂在室内东壁上，两边是他摘录古人诗句组成的一副对联：

上联“怀抱观古今”，下联“深心托豪素”。

上联借用了诗人谢灵运的《斋中读书》：

“怀抱观古今，寝食展戏谑。”

下联则出自南朝诗人颜延之的《五君咏·向常侍》：

“向秀甘淡薄，深心托豪素”。

谢灵运与颜延之是当时文学成就的代表性人物，和三件法帖同处六朝时代，他们的诗赋文采斐然，冠绝一时，恰可与三件法帖相得益彰。

墙壁上除了对联以外，还挂有十几件挂瓶。挂瓶主要挂在居室墙壁上做装饰，可用于插花，也称壁瓶。无论是在居室内、轿舆中，还是行营里，乾隆都愿采摘些新鲜的花卉装饰于瓶中，然后挂起来。

乾隆说：

“清秋野卉纷荣谢，不知其名爱其姹。我非骚人亦搴芳，挂瓶贮之毡帷舍。”（骚人：泛指忧愁失意或带有这种气质的诗人；搴：意拔取。）

皇帝的处世态度自然与文人骚客截然不同，但性格深处又有着十分相近的地方，乾隆也爱吟诗作画，有着浓厚的士人情怀。一位成功的君主，骨子里怎会有如此清新雅致的思想？那应该是从小受汉文化的熏陶，从而影响到他的一生。

3. 明窗——乾隆的真性情

养心殿东暖阁临窗一间安设座榻，榻上有炕几。乾隆题额“明窗”二字，因窗纸通明，又比喻明目达聪之义。

乾隆一直向往着宋代文豪们那种潇洒的文人生活，能够“明窗大几清无尘”“细毡净几读文史”（分别见苏轼《龙尾砚歌》《题王维画》）。欧阳修曾在《试笔·学书为乐》中说：“苏子美（宋代诗人苏舜钦）尝言：‘明窗净几，笔砚纸墨皆极精良，亦自是人生一乐。’然能得此乐者甚稀……”而乾隆就特别爱在冬日里到这处“明窗”找乐儿：

“冬日故可爱，况在明窗间。网轩静微风，蛎牖散嫩暄。”（网轩：指雕刻精细的窗户；蛎牖：用贝类的壳抛光安嵌在窗户上，乾隆时应装有玻璃了。）

只是作为一国之君，国事民生时刻牵挂于心，享此乐的时闲还真不多。

“三余于焉适，万几聊以闲。陡忆蜀西军，遐心数往还。”（三余：意指得了空闲就读书；蜀西军：指当时朝廷的军队正在大小金川作战；遐心：指放松的心情。）

心思总是被军政大事所牵，想到有朝一日能退位归政，乾隆情有独钟地在太上皇宫养性殿里也留了这样一间小室。

“养性明窗异养心，惟应六一是知音。他年若得遂初愿，净几还欣帖背临。”（六一：欧阳修号六一居士；帖背临：指研习书法。）

乾隆说：“养性殿虽仿其（养心殿）制为之，然系他日归政后所居，不仅取明窗本义，亦借喻淡泊明志。”他想着将来退位归政了，坐在养性殿明窗里，找回最初的乐趣，那才是真正的享受啊！

“冬日爱南窗，近旭喜明暖。笔砚置精良，玉版舒平坦。

清 《弘历圆形古装行乐图》

手拙愧涂鸦，未造钟王款。临摹偶数行，墨香溢茗碗。三余得几闲，不觉分阴短。”

能像文人雅士一样痴迷于笔墨句读之中忘记了时间，对乾隆而言实属不易，但从他骨子里却始终流露出这样一种性情。

4. 明窗开笔仪——迎接新年的传统

“此日乾隆夕，明朝嘉庆年。”

乾隆归政那年（丙辰）元旦子时，他将新皇嘉庆召至养心殿东暖阁明窗，教以先朝留贻例典，以及“开笔”御用法物，以示皇位的传承。

嘉庆后来回忆道：

“玉烛金瓯祖考贻，明窗试笔迓鸿禧。”

明窗开笔仪式是自雍正年间开始，每年元旦子时要在这处“明窗”举行元旦开笔之典。“玉烛金瓯”分别指名为“玉烛长调”的白玉烛台和名为“金瓯永固”的金杯，内注屠苏酒，这些均为开笔仪式的主要礼器。

开笔仪式上皇帝用名为“万年枝”的毛笔（管端刻有“万年青”字样），先沾朱毫（写红字）后染墨翰（写黑字），各书吉语数句以祈求新的一年政通人和。然后，再将本年时宪书（历书）浏览一通，以寓授时省岁之意。仪式结束，所有用具皆由专人整理并收藏，以供来年再用。

想当初，乾隆元年元旦开笔，乾隆书写吉语，墨笔写下：“愿共天下臣民永享升平，所愿必遂，所求必成，吉祥如意。”朱笔写下：“元年元旦海宇同禧，和气致祥，丰年为瑞”的字样。皇帝御书吉语，密封收藏于宝箱，任何人不得开启。因此清帝的元旦开笔真迹大多得以保存至今。

5. 后殿——睡觉的枕头

皇帝的寝室，在养心殿后殿东西梢间。寝宫坐北朝南，床是东西向摆放。那么皇帝睡觉是头朝东还是朝西呢？乾隆曾得到了一件白瓷枕，他挺感兴趣：

“可荐床之东，亦宜牖以北。”（牖：窗户。）

宫里的床都是靠北墙，而不靠南窗，窗下的那是榻。乾隆把瓷枕放在了床的东头，那就是头朝东睡了？

现在人们看着瓷枕认为太硬没法枕，但乾隆收有瓷枕多件，用过后睡得很舒服。

他说：

“谁云碍稳寐，藉可至蓬莱。”（寐：睡觉；藉：枕、垫。）

最令人称奇的当属瓷孩儿枕（娃娃枕），这是瓷枕的一种独特的样式，整体就是个小娃娃趴在那的造型，它巧妙地利用孩子的腰背为枕面，其中以定窑烧制的最为栩栩如生：

“伏犹曲四体，醒自瞪双睛。怜尔供人寐，已恒寐不成。”

“荷叶荷花紧贴身，峥嵘头角嶷精神。梦义皇者将谁待，开眼看他熟寐人。”（峥嵘头角嶷精神：指瓷娃娃头扎双髻、机灵聪慧的样子；梦义皇：指熟睡进入梦乡。）

乾隆常伴着这种睁眼的“娃娃”入睡。当然他也收有闭眼的孩儿枕：

“锦绷围处妥，绣榻卧还牢。彼此同一梦，蝶庄且自豪。”

（锦绷：指婴孩穿的小褂子；蝶庄：指庄周梦蝶，与上文“藉可至蓬莱”均指进入梦乡。）

这是他枕着“定窑睡孩儿”一同入梦了。对于这些瓷枕，乾隆不仅使用,还仔细揣摩过。他总认为瓷枕有警枕的功用，因为一晃荡，里面就会出声。由此乾隆还联想到史书上的小故事：吴越王钱镠（五代十国吴越国开国君主）在军中用圆木作枕，睡熟了，圆枕一滑，头一歪，人就醒来了，这是警枕的一种。

“警眠常送响，底用掷签劳。”（底用：意为用不着。）

乾隆还听说陈武帝（南朝陈国开国皇帝）常命鸡人，即负责报时叫醒的人投掷铜签于阶石上，把自己叫醒。故事里的这两位都是很勤勉的基业开创者，怕自己贪于安逸，想了各种办法提醒自己。

总之乾隆还挺爱琢磨这类瓷枕的,瓷枕这种警枕的功能，使他联想到各朝创业者的艰辛，时刻记得创业难、守业更难这个道理。

乾隆到了老年，睡眠质量很不好：

“老年易醒难为睡，此义由来理所常。”

乾隆倒是看得很开，说这是事之常理。自认若一晚能睡二十四刻，足三时辰（六个小时）整睡就算是幸事。逢冬夜漫长，有时能睡至二十八九刻，身体好的时候能睡三十二刻，从戌正就枕到寅正夙兴，也就是从晚九点睡到第二天早五点，足足四时辰（八个小时），那他就感谢上天了：

“一夜安眠卅二刻，天恩沐益凛谦光。”

但慢慢地，进入古稀之年的乾隆感谢上天的时候少了：

清 《胤禛行乐图》

“寅初已懒睡，寅正无不醒。披衣坐徘徊，明旦气堪省。”

漫漫冬夜里，皇帝凌晨四、五点醒来，再也躺不住了，就披衣坐起来。总是这样难挨，乾隆琢磨要不就召集大臣们来议议政务？但恐怕也不合适：

“我寅彼当丑，齐风早致警。”

《诗经》里虽有劝君臣早朝勤政的故事，但皇帝早上四、五点钟早朝，那大臣们要准时赶到宫里，还不得半夜就起身，何况还有那些与皇帝年岁相当的老臣，乾隆思来想去，等挨到天亮再说吧。

当了太上皇之后，失眠是常态了。这时他便通过诵读佛经打坐来消磨时日，比如诵读《七佛偈语》，乾隆笑称“自为太上皇之后，俗或以老佛称之”，或背诵古代先哲的文章，如《尚书·周书·无逸》等，一遍遍循环往复像念咒一样，以期熬过长夜。有意思的是这些经书或文章都是七段：

“笑众虚称佛，存心诚愧儒。消眠常背读，七偈七呜呼。”（虚称：不顾事实地加以赞颂；七偈：指《七佛偈语》；七呜呼：指《尚书·周书·无逸》，七段均以呜呼开头。）

人虽老了，觉也少了，但他学问底子好，头脑也还清楚，这不又拿杜甫的故事来做比喻了：

“不寝听金钥，却于老杜殊。非陈封事彼，实望捷章吾。”

这里借用了杜甫诗作的部分原句，“不寝听金钥，因风想玉珂。明朝有封事，数问夜如何。”当年杜甫当左拾遗时，半夜惦记着早起上朝要汇报要务而难以入睡，而乾隆则是忧虑着远方的战事呢。

乾隆按照父亲雍正的指示居于养心殿六十年，也按着自

清　冷枚《避暑山庄图》

己最初的心愿，八十五岁要退位归政搬进太上皇宫。他在太上皇宫里仿养心殿修建了养性殿，作为日后归政的居所，这座养心殿得留给新皇。可当太上皇之后，乾隆并没有离开养心殿。怎么回事呢？

“归政依然此训政，已便兼亦欲人便。”

原来他向来召见的王公大臣、六部九卿及引见官员等俱由乾清门进入。养心殿就在乾清门西侧遵义门内，趋走甚近。如今做太上皇仍然训政，若去宁寿宫则相距较远，不如养心殿方便，所以仍照常居此，这样自己方便，大小臣工也方便。

乾隆是有多喜欢这座养心殿？那也不一定。

正月里大部分时间皇帝陪同太后都是在圆明园度过的，年后才回到宫里参加固定的祭神、经筵等活动。再有就是京城人口稠密，紫禁城又被红墙一圈圈地包围着，夏天有点密不透风。所以宫里的热是困扰乾隆一生的，每年盛夏到来之前他早已离开。

“都城烟火多，紫禁围红墙。固皆足致炎，未若园居良。”

近处他去圆明园，更多时候他则是去了避暑山庄。乾隆生日在阴历八月十三日，已近中秋，但基本上他每年的生日庆典都放在避暑山庄。只有在六十以后逢十的大庆之时，才回宫受贺。

夏天一回到养心殿，看着红墙黄瓦的院落，乾隆就觉得热。挨到傍晚太阳落山了，屋檐下才来了那么一丝丝凉风。

“都京亿万户，烟火从来盛。紫禁虽九重，自当炎夏令。未如御园中，水木实清净。”

看，他这是多不想回来呀！

清　冷枚《高宗观月图》

二十二

长春宫忆往

孝贤皇后的音容

“助感惟秋日，于归忆往时。”

乾隆又开始思念去世已久的富察氏，时间回到雍正五年农历七月十八日，暑热刚过，在那样一个秋高气爽的日子里，弘历于重华宫迎娶了富察氏。富察氏在弘历即位后被封为皇后，日后居长春宫。

“恩情廿二载，内治十三年。忽作春风梦，偏于旅岸边。”

富察氏于乾隆十三年三月十一日陪乾隆东巡时，在济南德州的船上病逝。从雍正五年嫁过来直到乾隆十三年去世，夫妻二人一共相伴二十二载，她当了十三年的皇后。这是一位称职的皇后，也是一位乾隆欣赏的女性。

“圣慈深忆孝，宫壶尽钦贤。”

富察氏居摄六宫，上以“朝夕承欢”伺奉皇太后，极尽孝道；下抚视诸妃所生皇子一如己出，获得内宫一片称颂之声。在她去世后，乾隆赐谥号“孝贤”。

“一女悲何恃，双男痛早亡。”

孝贤一共给乾隆生了两男两女，大女儿未满一岁即夭折了，两个男孩子永琏和永琮，曾被乾隆寄予厚望，因为乾隆要密立嫡子做接班人。可他们一个九岁，一个才两岁先后病亡。唯独余下三公主即和敬固伦公主留在皇帝身边。

“嗟哉长春宫，遗像空悬壁……九御咸备位，对之吁若空。”（九御：指后宫妃嫔。）

为了纪念孝贤，乾隆下旨维持长春宫孝贤居住时的原样陈设，保留皇后生前的遗物。像孝贤皇后的东珠顶冠、束珠、朝珠等都收贮在长春宫。但乾隆也想到了，若每朝皇后去世之后都在原宫陈设遗物，其宫也不便再行居住，几代之后则后宫就再无余地了。于是他后来决定长春宫孝贤皇后的服饰物品，可供将来新皇帝的皇后重新穿着使用，不必虚为供奉，致占宫闱之地。

有一次乾隆从康熙时编写的《清文鉴》一书中得知满人有以鹿尾绒毛为线的旧俗，因为旧时关外条件艰苦，而如今用的都是金丝线缝制衣物。乾隆十二年木兰秋狝时乾隆和孝贤皇后提及旧俗，皇后特别亲手缝制了一件地道的满人传统火镰荷包赠予皇帝。

“何事顿悲成旧物，音尘满眼泪潸然。”

皇后去世一个月后，乾隆拿着这件皇后的旧物，百感交集。那位体贴入微、善解人意的皇后再也回不来了。

“心内芳型眼内容，但相关处总无悰。思量不及瞢腾睡，犹得时常梦里逢。”（悰：欢乐。）

乾隆一生共近五十位妃嫔，能入梦的，乾隆只记载过孝贤皇后和早孝贤三年去世的慧贤皇贵妃高佳氏：

“其来不告去无辞，两字平安报我知。只有叮咛思圣母，更教顾复惜诸儿。醒看泪雨犹沾枕，静觉悲风乍拂帷。似昔慧贤曾入梦，尚余慰者到今谁。”

乾隆本一度不欲再立后，可母命难违。但无论是继后那拉氏还是再后来主导六宫的令懿皇贵妃魏佳氏都没能占据

《厅堂仕女图》贴落

孝贤在他心中的地位。

“嫌人称结发，嗟我失齐眉。”

孝贤的英年早逝是乾隆一生的憾事。

二十三

重华宫

1. 旧邸的记忆

在紫禁城北端，御花园西侧自东向西依次排有五个院落，称作乾西五所。这其中的第二所，雍正五年弘历与富察氏（后来的孝贤皇后）大婚后，被赐居于此。乾隆即位，此处由“所”抬升为宫，并由当时的内阁大学士鄂尔泰、张廷玉拟了重华宫这个名字。

乾隆说：

“重华旧定名，盖出阁臣议。”

这个名字可真不好起，新皇帝登基，谁知是怎样的脾气和喜好呢？不过好在乾隆对大臣们的进言提过要求，即言“颂”不忘“规”，颂指称赞，规指规劝。两位老臣还真是有经验，这重华宫名字起得好，称颂乾隆继位如同舜继尧位，乾隆认为正好以此名规范自己要像舜一样做个有为君主：

“即颂以为规，久勖传心愧。”（勖：勉励。）

当时乾隆还是很欣赏这个名字的，并一直以此勉励自己。没想到，很多年之后这个名字还是留下了遗憾，那也是没办法的事。乾隆从宋代《武林旧事》一书中发现他所鄙视的宋孝宗退位后所居宫名也叫重华宫，这是后来查出来的，当时大家都没发现。乾隆说孝宗以能奉养高宗，得谥号为孝。在常人这可称孝，但作为皇帝，乾隆就嫌弃他了："然不能恢复中原，安得为天子之孝？天子之孝以不失祖业，所关更大也。"

当了皇帝之后，乾隆按制搬去了养心殿，养心殿留下更多的是雍正的痕迹，出于对父亲的尊重，他不敢在养心殿另有构建。而重华宫作为"潜龙邸"，乾隆对这里更有感情，称其为吉祥福地。他陆续把重华宫附近的原第一所改为漱芳斋，三所成了重华宫厨房，四、五所营建为建福宫花园。

在重华宫里他把爷爷康熙、父亲雍正所赐之物皆制匣收藏于此。后来五十多年过去了，有一次乾隆在重华宫又翻出了当年康熙所赐的旧物，是一件木碗：

"匣衍重华五十载，揩摩偶一试茶煎。心驰犹忆侍筵日，手赐曾经舞勺年。"（揩：抚摸；舞勺：指男孩十二岁左右。）

乾隆拿出来用了，泡了一次茶，他抚摸着木碗，回忆着康熙当年的教诲。

"万八千朝倏欲过，重华旧侣剩无何。"（万八千朝：即一万八千天，共四十九年。）

乾隆四十九岁时，纯惠皇贵妃去世了。自此他的先后四位皇贵妃，慧贤、哲悯、淑嘉都已故去，再加上孝贤皇后，当年重华宫的旧人已剩无几。孝贤皇后富察氏当年是他的嫡福晋，现在重华宫正殿西次间里还陈设着一对大柜子，据说是孝贤皇后当年的嫁妆。

重华宫前殿为崇敬殿，殿内正中悬"乐善堂"匾，落款为和硕宝亲王书（雍正十一年，弘历被封为和硕宝亲王），乾隆年轻时在圆明园的书房即以"乐善堂"为名。乾隆即位后将其年轻时所作诗文定稿，刻印成了《乐善堂全集》。

“华编成秩秩，谦度出迟迟……恍忆晴窗永，埙篪唱和诗。”（埙篪：指兄弟和睦。）

乾隆十二年，他五弟弘昼年轻时写的诗文稿也刻印成集，即《稽古斋全集》。他们兄弟俩同岁，皆在雍正八年荟萃曾做诗文并定稿，里面有许多作品都是哥俩同窗时作的。乾隆的《乐善堂全集》早在乾隆元年就开始刻印了，而弘昼的却迟了这么久，兄弟在他这个皇帝哥哥面前太谦逊了。

“抑斋本是少年居，随处频教署额书。”

青年弘历在重华宫的书室则是在西厢房，名为抑斋，他年轻的时候在这里读书学习。登基后为了表示不忘旧，凡宫内及御园、避暑山庄的书室均以“抑斋”为名。像圆明园的长春仙馆有一处抑斋，太上皇宫的乾隆花园里也有抑斋。从年青到老，从皇子到太上皇，他一直对自己采取着一种克制的态度。因为就他所处的地位来讲，“一言之不谨，一事之不慎，其害将贻于天下后世”。

重华宫里有这么多的记忆，乾隆修太上皇宫时也想过“移此名于彼”？也就是把重华宫搬到他的太上皇宫去。但乾隆又舍不得旧情，乾隆八十岁那年正月他在重华宫这座旧邸感慨地说：“昔萧何修长安宫殿，汉高祖嗔其壮丽。萧何谓示后世无以加意，实深远。是地为西二所，予年十七赐居于此，即位后因升为宫。其四、五所亦为建福宫、敬胜斋等处，当亦无可复加，至东五所虽皇子等亦曾居之，若嗣子皇帝亦升为宫，想再不能逾此。我子孙万年奉此足矣，予归政后于新正仍当来此看嗣子皇帝及群臣联句，岂非殊胜乐事？”

其实还有和宋孝宗宫殿重名那件事，多方因素一考量，不搬了。乾隆下旨所有重华宫内陈设，亦应仍循其旧，毋视更张。最后，这里可以说成了一处乾隆自己的纪念馆。

2. 新年的节宴

过年的时候重华宫里最温馨，这里是乾隆享受天伦之乐的地方，他每年正月初二都会亲自把母亲崇庆皇太后奉迎到重华宫举办家宴。

乾隆和老太后年龄上相差十九岁。老太后身体一直很好，乾隆很自豪：

“六十开三子皇帝，八旬有二母东朝。”（东朝：太后的宫殿，指代太后。）

老太后八十以后的每次入宴乾隆都非常感恩，高龄母子一同庆节这已是前所未有的盛况了，乾隆总是一遍遍地说：“历数古来谁似此！”“遍翻古史曾谁比！”乾隆四十二年正月初二是他们母子最后一次重华宫相聚，当年正月二十三日老太太就去世了，时年八十有六。

乾隆四十六年新年，七十一岁的乾隆和皇子们在重华宫举行家宴。他十七个儿子，此时在座的还有五位。

“彼时所生子，有三胥早故，一女后所遗，今老恒怜顾。”

哲悯皇贵妃生的皇长子永璜，孝贤皇后生的皇次子永琏和纯惠皇贵妃生的皇三子永璋都是在这里陆续出生的，当初这里还叫乾西二所，他还没有当上皇帝。如今这几位孩子早已过世，女儿里面只有孝贤皇后所生的三公主和敬固伦公主在世，也已五十二岁了。

清 《万国来朝图》（局部）

除了与家人在重华宫“庆节度岁”，正月里择吉日乾隆还要和大臣们举行一项固定活动，这就是重华宫茶宴廷臣及内廷翰林，并按例于东厢房拈题联句，也就是皇帝与臣子们在重华宫集会作诗喝茶。

“茶宴重华迓新祉，年年联句鬯文风。”

清朝最早是康熙时曾在乾清宫举办过茶宴联诗，乾隆朝从乾隆八年开始定在重华宫。历朝有为的君主都喜好与儒臣们开展一些风雅的文化互动活动。明宣宗朱瞻基曾宴大臣于西苑，率领十八位大臣游万岁山，并登御舟泛太液池。乾隆觉得那虽一时称为盛事，然有意仿效唐太宗的“十八学士登瀛洲”，未免太与古人雷同。乾隆初期茶宴也曾安排过十八位，像乾隆十一年，有他叔父胤禄、胤祹，兄弟弘昼、弘瞻，同学胤禧、福彭，长子永璜，重臣张廷玉、汪由敦等十八人出席。再到后来和群臣集会时，他就变化了一下人数。联句时诸臣每四人为一轮，七轮共二十八人，改成象征二十八星宿了。

于联句之外，乾隆每年自己还要作茶宴律诗数首，诗成后写成匾，悬挂于重华宫的前殿——崇敬殿内，乾隆六十年殿内四周都挂满了。现在重华宫前殿崇敬殿内还挂有一幅乾隆五十三年《平定台湾联句》，这是不多见的，在年后二月初一举行的茶宴，乾隆本想过年时能收到前线的捷报喜上加喜，但不想战事结束已是二月初。该诗本体加上注释，洋洋洒洒近千字，它以七言诗的形式将台湾林爽文起义的前因后果及平定的战事过程交代得清清楚楚：

“台郡弹丸称要地，外通海国内闽疆。康熙始用庙谟定，雍正继稽吏治详。然以流民多杂处，遂教奸匪叛无常……”

既然是茶宴联诗，大家自然还要品茶。

“茗碗文房颁有例，浮香真不负三清。”（三清：指三清茶，茶宴指定饮料。）

茶名为三清茶，以龙井配梅花、松子、佛手用雪水烹煮。这三清茶有什么特点和寓意呢？茶碗上摹制的三清茶诗说得明白，都是取其贞德高洁之意：

“梅花色不妖，佛手香且洁，松实味芳腴，三品殊清绝。”

至于茶宴之用水，更是特别。天下名泉有很多，但乾隆认为皆不及玉泉山的泉水，他称其为“天下第一泉”。内廷茶膳房俱用玉泉山之水：

“御用大都第一泉，携来中使熟烹煎。”（中使：此处指宫中的侍者，多指宦官。）

北方无不冻之河，唯玉泉山湖经冬不冻，乾隆称它是“波

宫廷集雪烹茶场景

光弗冻常澄若”。乾隆还一直认为水之质轻者味必甘，故辨水者，视其质之轻重，定泉之高下。他曾制银斗令人去山南海北称量名泉水，结果人间之水没有比玉泉山水更轻的了。

“泉水终弗如雪水，以来天上洁且轻。”

“山中雪水煮三清，大邑瓷瓯入手轻。”

可是这茶宴指定用水并不是玉泉山水。因为再轻的还有天上的雪水，玉泉山水斗重一两，雪水比它还轻三厘，以至于茶杯都觉得轻了。于是冬季这茶宴之水就用雪水。只是雪水不能四季都有，所以玉泉山水还是第一。

二十四

漱芳斋书福

迎年的传统

重华宫东院为漱芳斋，每年嘉平月朔（十二月初一）乾隆来此“开笔迎喜”，他要亲笔书写“福”字赏赐给皇子以及内廷行走宗藩。

“锡福无涯被万方，开笔漱芳遵考训。”（锡：赏赐；考：皇考，此处指雍正。）

乾隆说这也是敬遵雍正以来的传统，自乾隆二年起至他归政，坚持了近六十年。每年开笔所书的第一个福字要挂在乾清宫的正殿，写这个福字有一杆“指定用笔”，笔上髹以黑漆，填以“赐福苍生”四个金字。

“宝墨流辉，仙毫永寿。”（仙毫：指毛笔。）

此笔是圣祖仁皇帝（康熙）传下来的，已阅百年，最为吉祥。每年就用这一次，只写一个字就珍藏到檀匣中。后来传到嘉庆时，该笔毫颖仍圆健如新。俗话说“墨久为宝，笔久为草”，可见此笔一直被清宫珍重保管着。

乾隆六十年年底，天降瑞雪，这是个好兆头，乾隆也还算欣慰：

“独兹盼捷信，未免望邮愁。”

国之大事在祀与戎，除了祈求风调雨顺，就是盼天下太平。而此时西南部地区还进行着激烈的战事，战况频传，先说是大军将敌巢四面围攻已擒获敌首，再报说敌军残余部队发生内讧互相仇杀。到了“书福”吉日这一天，乾隆心想此时捷报说不定已经在路上，他特意多写了两份，并表示赐予福康安、和琳（和珅的亲弟弟）两位正在外征战的大臣，也取一个能迅速结束战事的好兆头。不想日后战役虽然平定，但两位受福的大臣却因南方前线恶劣的自然条件，先后病亡于战事之中，这是后话。

六十年来乾隆每年都书福赐予大臣，若以归政而论，书福就该由子皇帝来做了。但后来太上皇说了：

“以云归政当付子，尚觉身强可应时。”

他觉得别看自己快九十了，但精神康健如常，一早去北海阐福寺拈香（阐福寺建于乾隆十一年，乾隆十七年以后每年嘉平月朔日先诣阐福寺拈香，再回宫开笔书福），他连寺后的三层佛楼都自己上去了，书福当然更要亲力而为了。

乾隆还想着自嘉庆元年开笔书福之后：“自此岁岁予与子皇帝，重重书福以承天恩，诚国庆佳话也。”

二十五

建福宫的营建

引而未发的初衷

乾隆说“初葺建福宫，乃在壬戌岁”，也就是乾隆七年，他即位初期的大工程就是修建了建福宫区。对于修建福宫，乾隆说他别有深意引而未发，直到乾隆四十三年，他才吐露出来：

“慈帏祝万龄，然终必有事。”（慈帏：指皇太后。）

原来当年雍正去世时，乾隆在养心殿守制二十七个月，宫里冬天还好，只是夏天太热，当时他年方二十五还可耐受。而日后再为母亲守孝时，估计到时候他的年纪也不太能受得了这宫里的热了。

“图兹境清凉，结宇颇幽邃。庶可遣烦暑，以为日后备。”

在紫禁城西北方建些高大的殿宇，怎么也比位于城中心红墙环绕的养心殿凉快一些。所以说建福宫是乾隆将来为了给母亲守孝所建，但乾隆一直不好明说。后来老太后去世于畅春园，乾隆却从了王大臣之请，夏天时候住到了圆明园的九洲清晏守孝，乾隆想这里的地位与养心殿无异，自己也已望七的年纪了，不再是年轻时可比，夏天就没再回宫。就这样建福宫营建之初意也没有实现。

“因循乃园居，向意惜未遂。慈宁南花园，实复同斯例。”

其实乾隆在慈宁宫也留下了类似的憾事，他在“慈宁宫南花园葺治朴宇数间，本亦如葺建福宫之意，以备慈躬或不豫

（指老太后生病），为日夜侍奉汤药之所”，但老太后去世之前没有什么卧床的大病。乾隆四十二年正月间老太后去世，大冬天的，乾隆即打算于慈宁宫南花园守孝，但被王大臣们劝回了养心殿（养心殿冬天还是很暖和的），和建福宫一样，那里也成了只是表心意的地方。

这片乾隆初年建于紫禁城西北的建福宫建筑群，日后在紫禁城东北的太上皇宫里又纷纷再现了。重华宫虽没舍得搬，但太上皇宫里许多宫殿，如倦勤斋、符望阁、景福宫等均仿自建福宫建筑群。

“规制如敬胜，楣檐号倦勤。”（敬胜：指建福宫敬胜斋；倦勤：指太上皇宫倦勤斋。）

“层阁延春肖，题楣意有存。”（延春：指建福宫延春阁；意有存：指太上皇宫符望阁，其名为实现心愿之意。）

“式拟静怡式，题仍景福楣。”（静怡：指建福宫静怡轩；景福：则指太上皇宫景福宫。）

建福宫在清末溥仪时期因大火焚毁，故宫博物院日后再重建时，直接参照了太上皇宫里的“复刻版”。

二十六

慈宁宫的“孝”

母子情深

慈宁宫在紫禁城的西部，自明代嘉靖时修建以来，多以奉太后、太妃居住。乾隆为迎接其母崇庆太后（钮祜禄氏）八十大寿，进行了最后一次的大修，将原本单檐的慈宁宫大殿升格成重檐大殿。

乾隆说：

“懿懿慈宁，乾清宫右。历代敦崇，以奉文母。昔实单檐，今易重构。”（文母：对母亲的称颂。）

慈宁宫在乾隆年间改建完工之后，主要成为崇庆太后举行重大典礼的殿堂，凡遇皇太后圣寿节、上徽号、进册宝、公主下嫁，均在此处举行庆贺仪式。

慈宁宫区包括了用来举行典礼的慈宁宫，用来居住的寿康宫和用来礼佛、休闲的慈宁花园。但实际上，每年老太后以风景清胜常留在宫外西郊的畅春园居住，乾隆则住在临近的圆明园,他们更喜欢园居。每年到了冬天老太后生日前夕，皇帝才恭奉母亲回紫禁城准备慈宁宫受贺庆典。

慈宁宫的皇太后生日庆典最为隆重，从乾隆十六年老太后六十大寿起，老人家七十大寿、八十大寿，每一场整寿庆典都逐层加码,老太后也一直是那么的精神矍铄、步履康健,出席活动从不用人扶持：

“妃嫔陪肃肃,孙子集振振。鸠杖全无藉,兕觥奉有伦。”

慈宁宫祝寿场景

慈寧燕喜

（肃肃：恭敬貌；振振：众多貌；鸠杖：指拐棍；兕觥：指酒杯。）

乾隆三十七年冬至前夕，天降瑞雪。皇帝因为要冬至斋戒，就提前安排率群臣来慈宁宫为太后庆寿。

"值斋庆典例移前，节步新叨恩谕宣。"（叨：承受。古汉语中用于对受人恩惠及礼物表示感谢的谦辞。）

往年来朝贺行礼，乾隆照例在永康左门（相当于慈宁宫区大院的东门）降舆，再步行进入。这一年老太后专门下了懿旨，老太后原话意思是说，儿子你也已六旬的年纪了（乾隆六十二岁），虽精力强健，但从今往后还是到慈宁门（慈宁宫的正门）阶下再降舆吧！

到了正月，乾隆在西六宫北边的重华宫举行家宴，老太后每年都照例入宴。皇帝从来都是专程到启祥门恭迎太后，启祥门路对面就是慈宁宫的西北院门慈祥门：

"慈祥门对启祥开，西望鸾仪王母来。"（王母：比喻崇庆太后为西王母，祝其长寿之意。）

乾隆四十二年，老太后又下旨了。老太后让乾隆迎于百子门就可以了。其实出了重华宫门走两步，抬头就已是百子门，这一下又让皇帝省去了小三百米的路程。

所以说母子情深，儿子为国操劳，年纪也大了，老太后尽可能让儿子的忧劳可以释怀。乾隆四十一年，历时五年的第二次金川战役胜利结束。这年元旦，太后亲自于新落成的宁寿宫畅音阁赐宴他的皇帝儿子，并于阶下赐宴平定金川的二十三位战功卓著的将领以及六位军机大臣。母子情牵处，乾隆很感激：

“古来多凯宴，几见赐思齐！”（凯宴：庆功宴；思齐：诗经的篇目，赞颂贤母。此处指崇庆皇太后。）

老人家做太后的四十二年里正是国家全盛时期，不但享尽荣华,还长寿,更是幸运地见到了自己的曾孙（五世同堂）。

“五世曾元胥绕侍，高年母子益相怜。”

乾隆三十三年，乾隆在皇六子永瑢所画的《岁朝图》上题写了“永绵奕载奉慈娱”之句，进献给老太后。永、绵、奕、载正是家谱接下来四代人的排序（永字辈是康熙命名，绵、奕、载是乾隆所命名），老太后已亲见前三代。

“爱依王母膝前乐，底用仙人肘后方。”（王母：称崇庆太后为西王母，祝愿她能长寿；底用：何用；肘后方：传说中的长寿药方。）

这些亲人的陪伴也许是老太后长寿的一个重要原因。乾隆并不迷信成仙得道，他也没有通过为老太后求仙问药来体现他的孝敬，而是给予母亲最为到位的陪伴。每年八月十三日是乾隆的生日，皇帝也要率诸王大臣诣慈宁宫给母亲行礼：

“庆辰循有典，圣母祝如川。欢以天下养，孝为百行先。”

《孟子》说:“尊亲之至，莫大乎以天下养。”儿子作了皇帝，有权力和能力以全天下财力来奉养母亲，这的确也是极致了。乾隆每次外出都带上母亲，他一生出巡次数之多、规模之大，可以算是历代帝王之最了。后人都说前半生都被关在“黄院子”里的钮祜禄氏，在后半生里和儿子一起饱览了祖国江山风光。的确，她在整个太后生涯中，和儿子一起三游五台，三上泰山，四下江南，而谒陵和秋狝更是场场不落。翻查史书没有再能超过他们母子其右的了。

永瑢像

學餘遊藝亦功夫寫作平安如意圖恰合歲朝呈吉語永綿億載奉慈娛
題永瑢所繪歲朝圖恭進聖母以博一噱 戊子新正御筆
子臣永瑢恭畫

清　永瑢《平安如意图》

母亲年岁日增，乾隆很珍惜每一次的陪伴。像每年崇庆太后一行去避暑山庄，乾隆都会提前出发赶到山庄为母亲打前站，因为此时正值北方雨季，沿途修路架桥、安抚百姓，皇帝都要严加督促。山庄这边安排好之后，再命亲王或重臣陪护母亲从京城启程。

“十日萦思一日喜，八旬圣母六旬儿。似兹游豫诚希也，只有康强永祝之。”

太后一行一路上或走或歇，大致十天行程，无特殊情况第十一天必到。乾隆的儿子嘉庆日后也赋诗为父亲的孝道而感到自豪：

“虞唐敬以天下养，四十二年俱尊亲。”（虞唐：即唐尧与虞舜，此处指乾隆；四十二年：指崇庆皇太后当了四十二年皇太后）

每次宴会结束后，乾隆都亲自护送老太后回宫。

“扶辇长街寿康返，明朝问寝倍欣然。”（寿康：指寿康宫。）

可乾隆四十二年正月初二记录了他们娘俩最后一次重华宫团聚，正月初八记录了他们最后一次观灯。正月二十三日，八十六岁的老太后去世了。那些年复一年曾经上演着的母慈子孝的和睦景象再不复见。

“燃点连比户，鸣爆达通宵。西望难堪处，寿康锁寂寥。”（燃点：指过年放烟花；比户：家家户户。）

到了年底，除夕夜，还是那个天底下家家老少团聚一起辞旧迎新的日子，宫里从乾隆四十三年起也已不再得。

“龙春已送元宫闭，凤扆空瞻宝殿垂。”（龙春：此处指老

崇庆皇太后像

崇庆皇太后畅音阁赐宴场景（珐琅挂屏）

太后的棺椁；元宫：此处指慈宁宫区。）

按照祖制，历代皇太后的神位都只能在元旦时才可以与列祖、列宗一同供奉于寿皇殿让后人瞻礼，其他时候都是收藏起来的，遇太后诞辰也不必行礼。乾隆是肯定不会违反祖制的，老太后去世之后，每逢太后十一月二十五日诞辰他只能到寿康宫的佛堂前行礼，并于宝座前瞻拜，以示哀慕与思念。

畅春园的长春仙馆作为老太后在宫外的常住居所，乾隆也恪遵旧典，没有恭奉神位、御容，只于长春仙馆恭设佛堂瞻礼。圆明园西北有处安佑宫，为乾隆七年仿太庙而建，殿内恭奉康熙、雍正的遗像。而对于崇庆皇太后乾隆则另建恩慕寺奉佛以报慈恩。

乾隆五十二年，老太后已去世十年了，乾隆在坤宁宫祭神时有感而发：

“于此应言吉，无端亦缱思。”

满洲旧俗，于祭神房内最忌伤感。但乾隆还是没控制住，因为在老太后生前，宫内凡遇大祀祭神，乾隆必恭进慈宁宫糕、酒，如今已整整十年没这事了……

“卌年孝养慈宁福，圣谕两言万世留。”（卌：四十。）

乾隆五十九年，乾隆在避暑山庄狮子园回忆起过往，早在康熙六十一年（乾隆十二岁）胤禛、弘历他们父子在此陪侍康熙皇帝，康熙命人引见弘历生母之后，就连声称赞，说他母亲是：

“有福之人、有福之人……”

二十七

宁寿宫的“寿”

十全老人

宁寿宫区位于紫禁城的东部，是乾隆原打算做太上皇时用来养老的宫区。乾隆登基时曾默祷上天，许诺在位满六十年即当传位，不敢上同皇祖六十一年。因为“三代下，享国长久未有周甲者（满六十年）”，也就是说从历史上有确信记载开始，皇帝没有在位超过六十年的，康熙算第一位。只是康熙八岁就即位了，而乾隆是二十五岁即位，若能幸符初愿，已达八十五岁了。

乾隆四十一年文华殿经筵结束后，乾隆带着讲官和听讲的大臣前往新落成的太上皇宫视察。

“旧名袭宁寿，致政冀期颐。”（期颐：指百岁之人。）

乾隆给众儒臣解释说，太上皇宫名“宁寿”是沿袭了康熙时的旧名，这里曾是皇祖康熙奉养孝惠皇太后（顺治帝的皇后）居住的地方。乾隆企盼自己归政后能在这里活到百岁，人生以百年为期，即获得圆满了。那么历史上能活百岁的君主有哪些呢？乾隆从《尚书》中了解到帝尧（即尧）活了一百一十八岁，乾隆还算计呢：尧在位七十年，禅位后又活了二十八年。拿一百一十八再一减，尧即位时年方二十岁。此外还有商代的殷中宗，据说在位七十五年，寿亦不减百岁。这之后就再也没有了。

宁寿宫区在乾隆归政前二十年就陆续建成了，他时不时也来到太上皇宫看看这一幢幢的新房子，他给里面很多殿宇都起了充满期待的名字，他有时站在符望阁前：

“阁额频看有所思，侈望若符真是幸。”（侈望若符：指实现在位六十年则归政一事。）

有时又坐到遂初堂的小院里：

“偶憩遂初堂，遂初亦匪易。”

初愿离实现越来越近，乾隆的心动指数也在不断增加。古人常说“适百里者半九十，盖虑远不能到”。如今指日可期，乾隆在期待和欣喜之余还不忘告诫自己，越到最后越要认真谨慎，不可倦怠。这不，连听戏的地方他都不能放松，太上皇宫里有座畅音阁三层大戏台，阅是楼是畅音阁对面听戏的楼子。距归政还有六年时，乾隆在阅是楼前同样做出了要站好最后一班岗的表述：

“六年后乃是非外，求是祛非今尚钦。”（是非外：指当了太上皇之后不再理政。钦：指皇帝亲自做。）

乾隆早先曾向母亲崇庆皇太后面奏过若在位满六十即当归政的念头。老太后称赞儿子“敬天爱民，克承先业，海宇乂安，届时天下臣民皆所弗愿，予亦不忍”，老太后不愿让儿子归政。

“丙辰述归政，圣母意犹怜。”

乾隆很孝道，若到时候老太后仍然长寿，他自然也不好违背母亲的意愿。只是那时候老太后得一百多岁了，后来距乾隆归政还有十八年，老太后在八十六岁时去世了。

乾隆十一年乾隆在盛京皇宫修建了一座颐和殿，乾隆十九年临幸盛京时曾奉老太后休息于此。日后在太上皇宫里乾隆也命名了一处颐和轩，都是奉养老人的意思。乾隆四十一年春宁寿宫落成，乾隆曾专门在颐和轩奉老太后宴。

紫禁城里有了太上皇宫，那他常去的圆明园是不是也要有太上皇宫呢？距归政九年前，乾隆在圆明园过年，想到当了太上皇之后，这园子就要让给儿皇了。于是乾隆又命在圆明园东葺治长春园，以替代圆明园作为他养老的地方。

“赐号当年例仙馆，倦勤他日拟菟裘。”（菟裘：指告老退隐。）

圆明园四十景之一有一处为“长春仙馆”，雍正年间赐居弘历。所以长春园的名字即照当年赐号名字而起，充满了感恩思旧之情。终于就差一年了，乾隆在圆明园的无倦斋里还想着他太上皇宫里的倦勤斋。

“深慕天恩或符愿，明年即作倦勤人。”

乾隆终于在位得满六十年归政当了太上皇，不超过他皇祖康熙的六十一年，爷俩一共一百二十一年。目标实现那一刻，乾隆都觉得恍惚：

“光阴迅驶六十年，竟如隙影一瞬耳。”

因为乾隆一度觉得自己年轻时候定下的目标有点托大，自古以来祖孙两代享国一百二十年者“史牒具在，未有之闻”。

“宛看宁寿落成吟，汉唐太上那须数。”

做皇帝时他就爱跟历代皇帝比，当了太上皇他又和前朝那些太上皇较上劲了，这不乾隆考证出来：“太上皇之称，始于汉高祖之奉其太公（太公：指汉高祖刘邦之父，但刘太公未曾当过皇帝），本不足比数，唐太宗兴兵逼父让位更为逆伦（李世民发动玄武门之变，逼其父李渊退位当太上皇），睿宗

（李旦）在位未一年，即因定乱传位明皇（李隆基），及明皇幸蜀传位肃宗，皆迫于势（指安史之乱）之无可奈何，均无足称道也。”还有“宋之高孝（高宗、孝宗）外惕强邻，内耽逸豫，更不足齿”。调查完了，这下乾隆放心了，所有的太上皇们也都没有比过他的。

但这事儿还没完，比完太上皇，他又要比太上皇宫的宫殿。

南宋文人尤袤曾取晋代文人孙绰《遂初赋》的“遂初”二字为堂名，乾隆觉得其意可用，于是在太上皇宫里也构建了那处遂初堂。尤袤是位喜爱藏书的人，曾编著了一本《遂初堂书目》，汇录了其所见、所抄、所藏之书，但未能完备。

“别有全书贮三阁，底须录目效其尤。”（贮三阁，指当时已建的文渊等三阁，贮《四库全书》；效其尤：一语双关，尤也指尤袤。）

尤袤《遂初堂书目》仅录书目，乾隆时的《四库全书》则是整书抄录。民间的行为自然和皇家的大手笔是没法比的。

“乐寿由来寓智仁，取名别有意焉循。”

太上皇宫里的乐寿堂，乾隆起名是取义“智者乐而仁者寿”，挺有文化的名字，早年间在清漪园里乾隆就用过，乾隆对这个名字是很满意，但最后也是这个名字让他最添堵。乾隆后来从董其昌《论古帖》中得知早就有人把它用了，那个人是宋高宗赵构，赵构当太上皇之后自称乐寿老人，乾隆极为嫌弃他：

“彼其耽燕闲，率非吾所取。”（耽燕闲：贪图安逸。）

乾隆说：“宋高宗内禅后，亦有乐寿老人之称，维时外患方殷，高宗不思卧薪尝胆，以复祖宗之业。而急图息肩谢责，所谓宴安鸩毒，实吾所不取也。”宋高宗以五十六岁，其后的宋孝宗以四十八岁即倦勤称太上皇，皆图一己之逸、不顾宗社大计（不思恢复祖先的疆土）。早知道赵构也用了这个名字，乾隆才不想跟他沾边呢！

“偶同将谓惟南宋，上海潘家却有之。”

乾隆十分介意乐寿之名被赵构这么个皇帝给用过了。但乾隆也没改名，只是“屡引其事”加以说明，以撇清与赵构之间的不同。后来又有一次乾隆读宫里旧藏的《石渠宝笈》，发现其中《董其昌自书诗词册》内有乐寿堂歌，于是命翰臣考订，原来“明嘉靖间上海潘恩以南工部尚书归老，其子四川右布政使允端作豫园以奉其亲，颜堂曰乐寿”。这回可倒好，这乐寿之名真不是前无古人的，南宋赵构、上海潘家都用过了。

紫禁城内的太上皇宫动工太早了，竣工之后空了很多年一直等着正式启用。直到乾隆六十年正月初一，乾隆正式传位给嘉庆之后，选取吉日正月初四在太上皇宫皇极殿照乾隆五十年正月乾清宫千叟宴之例，再次举行千叟宴。

“叟宴三开蒙昊贶，箕畴敷锡始皇家。”（箕畴：指赐福。）

千叟宴在紫禁城里一共举行过三次。康熙六十一年始举乾清宫千叟宴，乾隆五十年重循盛典举宴于乾清宫，嘉庆元年正月四日又于皇极殿三举耆筵。

“敬天勤政仍勖子，敢谓从兹即歇肩。”（勖：勉励；从兹：从此。）

太上皇宫里举行完此次庆典后又恢复了以往的平静。因为乾隆并未卸下肩上的担子，来此过上养性、倦勤、颐和的退休生活（太上皇宫有养性殿、倦勤斋和颐和轩），而是“归政仍训政”，他在养心殿继续做着大权在握的太上皇。

“寝兴六十养心惯，耄耋迟回乐寿来。”（耄耋：指八九十岁。）

嘉庆二年，八十七岁高龄的乾隆最后一次来到太上皇宫。本应八十五岁就归政于此，但一直舍不得待了六十年的养心殿。这回乾隆又有了新主意：“今年近九旬，康强训政，若将来幸越期颐，或稍觉倦勤，即当迁居于此，以享大年。”有道是“百年期颐”，好嘛！要改到百岁时再搬进来住了。

话说乾隆他自己觉得当年的许诺也有些冒失，二十五岁即位，难保能到八十五岁如愿归政。但乾隆还真得很受上天眷顾，当然与他自身的原因也是分不开的。乾隆有两个养生良方：

“食少病无侵，事繁心不乱。”

他说多食致病，要防止病从口入。嘴好管，心性怎么养呢？

“见半还当不见半，半听亦可半不听。”

乾隆八十三岁那年他说“左耳重听者四十年，左目欠明者亦二十年”。一直没治好，他也不好好治了。他想得开，说“明目达聪固宜然，但不能以苛为察、以刻为明。半见还当半不见，半听亦可半不听，此虽俗语合至理，执两用中法舜经”。他上年纪之后正是通过这种中庸思想来为政兼养性。

再有他的基因好：

“八旬五母仍康步，六十六儿微白头。”

乾隆母亲身体健朗，老太后都八十五岁了还随儿子一起

养和精舍明间通景画贴落

玉粹轩通景画

巡幸了泰山。乾隆长寿自然也受母亲基因影响。其实他父亲雍正若不乱服丹药于五十八岁暴毙，乾隆即位估计还得多等几年。

所以关键一点是他不“作”。

人终有一死，乾隆一生从未像秦皇汉武、嘉靖帝一样沉迷于长生之术或胡乱服用丹药。

“汉皇若果升仙去，人间安得有茂陵。”（汉皇、茂陵：指追求长生之术的汉武帝还是死了，最后葬在了茂陵。）

他瞧不起汉武帝于求仙之道中的沉迷。他说，所谓成仙应在内之心神，岂在外之丹药乎。慧贤、孝贤这些爱人的早逝，永琏、永琮这些嫡子的夭折，都让他清醒地认识到这世间没有长生术，也没有神医。他不再做无益的妄想，他曾慨叹：

“扁鹊何曾有，《肘后》历来无。”

灵医妙药乾隆也不当回事。他虽不善医术，但却明白一个放之四海而皆准的普通道理，这就是平衡。人的身体也是一样，一不平衡就会致病。这就要通过补或克来平衡身体。补大了就会中邪火，泄大了就会耗元气。平衡，的确是个大道理。

乾隆最终还是很自然地死亡了。

嘉庆四年即乾隆六十四年（乾隆归政后，宫外用着嘉庆纪年，宫内还用着太上皇的纪年），新年头一天，儿皇嘉庆就想着明年（庚申）是父亲九旬万万寿，嘉庆率臣民吁请举行庆典。乾隆恩准，庆典照着康熙六十年及乾隆五十五年八旬万寿典礼的标准举办。但皇极殿没能迎来这次太上皇的万万寿庆典，嘉庆四年正月初三，乾隆驾崩于养心殿，终年八十九岁。

太上皇宫庆贺场景（乾隆坐在遂初堂檐下）

“乾隆六十又企四，八十九龄兹望九。”

按理说乾隆创下的实际执政纪录已经前无古人，但乾隆走时，还是带着遗憾的……

在乾隆六十三年春，他的元长孙载锡成婚了，乾隆高兴：“即可冀得来孙之喜，若能仰邀鸿佑，得遂此愿，更为亘古稀有佳话。”他还想追求六世同堂的纪录，可载锡和他福晋也没能赶紧的……他们的第一个孩子是乾隆去世四年后的事了。

乾隆六十三年年底，爆发在四川、湖北一带的川楚白莲教战事已阅三年，其首犯已陆续生擒解京。乾隆说：“现在已届新正，惟冀喜音迅递……即可计日蒇功，盼望尤为殷切。”《望捷》是乾隆御制诗集里的最后一首，写于乾隆六十四年元旦，但最终捷报的到来已在他去世五年之后了。

二十八

乾隆与宋瓷

对古人雅致的仰慕

“唐时越器只余名，宋代官窑尚容见。然而一二已星辰，其间真伪况居半。”

铜坚瓦脆，瓷器易碎。几千年前的商周青铜器清宫里收存了很多，但古瓷器就很难了，唐、五代时期的，乾隆能见着瓷片就不错了。而这之后的宋瓷乾隆倒是收了不少。

“宋时秘色四称名，不及柴窑一片瑛。”（四称名：指官窑、汝窑、哥窑、定窑。）

以官窑、哥窑、汝窑、定窑为代表的宋瓷，它们都有类玉的特质，也可以称这类瓷器为秘色瓷或青瓷。但被称为青瓷之首的却是后周皇帝柴荣所创烧的柴窑，明人高濂的《遵生八笺》一书中称柴窑有“青如天、明如镜”之说。虽说柴窑最珍贵，但后周建国不过才十年就为宋所取代，后世一直难有确信的遗物。宫里收藏有一件柴窑碗，还有柴窑枕，但乾隆也吃不准它们的真伪。“青如天、明如镜”到底是什么样，乾隆也说不好。而宋瓷及其窑址则遗留于世，特别是为明代收藏家所追慕、记述并传承下来。乾隆对它们更是情有独钟。

“柴已不可得，汝尚逢一二。”

汝窑传世不多，最著名的有“奉华盘”，因盘底镌“奉华”二字。据考宋高宗的刘贵妃有“奉华”大小二印，或许

清·《胤禛妃行乐图》

是以她的宫或殿来命名的。

“官窑为甲哥窑乙，修内定评出宋瓷。”

官窑的称谓是因为它是南宋皇家修内司烧制的窑口。而哥窑的称谓，《春风堂随笔》记载说宋代有章生一、生二兄弟，皆龙泉窑工，生二所陶青器纯粹如美玉是为官窑一类，生一所陶浅白断纹，名哥窑。所以顾名思义，哥窑即哥哥的窑。官、哥相比，有人认为就釉色纯度上来讲哥窑稍逊官窑。

“哥窑百圾破，铁足独称珍。”

其实官、哥都有着类似的特点，比如釉面“开片”和“铁足”。“铁足”即器底边无釉露出黑色胎质。《遵生八笺》记载，官窑在杭之凤凰山下，其土紫，故足色若铁。哥窑取土亦在此。所以说铁足是因土色，非真以铁为足。就“开片”来讲，官窑是微有冰裂纹，而哥窑裂纹细密则称为百圾破或百圾碎，像成片土块开裂的纹路。

“纹虽百圾破，器历数朝坚。”

“开片”是宋代官、哥等瓷器釉面的特点，胎骨并无开裂，釉面也不会因开片剥落。官、哥瓷器还有釉厚的特点，它们无法像定瓷那样，定瓷釉薄，可以在泥坯上做堆花、印花等装饰。官、哥釉厚就显不出来什么来了，于是在器型上就多下了些工夫。

“碗作葵花式，应存向日情。”

像哥窑的碗、盘口沿都做出花边是它的一大特色，被称作葵花式或葵口，因葵花向阳，所以也被喻为仁人志士的忠赤之心。哥窑中那些口呈六出葵花式的，正好符合“地六成之”之义，巧合了哥哥章生一之名的“天一生水”。

官窑瓷瓶的装饰特色就是瓶颈上通常有弦纹，那一圈圈明显的弦纹，无论几弦，还都有个说法。四弦是喻四季精妙之音。五弦是说舜作五弦之琴，以歌《南风》。还有七弦：

“七弦存古式，两孔列横庚。提挈撷芳便，汲斟戒器盈。”（七弦：古琴的弦数；庚：表示顺序的第七位。）

古瓶两边有的还有孔（耳），早先这样设计是为了穿绳以方便提携。

宋瓷作为历朝大内古玩，被按以甲、乙分等级，一等者即为甲（列一等者器底以及配套陈设的匣座上都会刻有甲字），二等者为乙。但是就算被列为一等的，实际上也有些小毛病，并不是那么完美。

“甲字明镌器底心，抚之薜暴手中侵。”

因为受限于当时的烧造技术，总会有器型不正或釉质不纯等瑕疵。《周礼》中称器型不正为“薜暴”、釉质不纯为“髻垦”。相较于益臻精工的明代宣成瓷器，宋瓷这些毛病可不算小。

明成化　斗彩鸡缸杯（展开图）

“考工不入市之器，岁久兹为席上珍。”（考工：指《考工记》，春秋战国时期记述官营手工业各工种规范和制造工艺的文献。）

因为物以稀为贵，人们仍视宋瓷珍贵于明代宣成瓷器，乾隆说它们是“古不入市今称珍”。那些当年器底旧镌有“丙”字，列为三等的，到乾隆时也被视为一等的珍品了。

其实宋瓷还有个缺陷，它们在烧制的时候器物下都有数个支钉，烧成后留有支钉痕。一直到了明代宣德、成化时期，瓷器益臻精工，无薛暴之疵，内外圆成，也全无支钉痕迹。

明成化　斗彩鸡缸杯

“虽非髻垦足钉遗，已自为佳今重之。”

乾隆倒觉得宋瓷必以有钉痕者为真物，如果赶上器型和釉质都没有问题，那就是一等一的佳品了。照理说文物越古老越有价值，可也不尽然，像长城之砖乃秦时古物，比宋瓷更久远，而今人却并不以其为珍。传世宋瓷真的是有它们的独到之处，才为世人所珍惜的。

乾隆说：

“消沉火气葆幽光，清供簪宜称物芳。”（物芳：指志向高洁。）

“置几簪花芳满室，却饶触目引清思。”

宋　官窑青釉葵花式洗

明宣德　鲜红釉碗

官窑瓷器它是沉稳、纯净的淡蓝色，无论是单摆在案头，还是瓶中插入娇嫩的各色花卉，作为清供而言都能使人身心清净，那种气质还能映衬出屋子主人高洁的品行。

“设以簪花论品格，诗中岛瘦与郊寒。”

“岛瘦”“郊寒”是指中唐诗人贾岛与孟郊，他们的诗风都偏清寒、孤峭。官窑瓷器就带有这种孤高的气质。另外，据说以这种古瓷瓶簪花花能经久不谢哟！当然乾隆说他试过了，那好像并不是真的。

“古瓶盛酒后簪花，花酒由来本一家。李白设如遇潘岳，各珍其用定争差。”（潘岳：即潘安，古代美男子；争差：纠纷。）

人们发明陶、瓷器最初都是满足基本生活需求的，是生活用具。慢慢地随着生产力的进步、生活的富足，许多瓷器就成了案头赏玩的器物，其作用因时代而异也因人而异。

“罢插花时插湘管，可知湘管也生花。”（湘管：毛笔。）

那些瓶口大一点的，比如有仿商周青铜器“尊”器型的哥窑瓷器，乾隆则把它放在书房里做笔筒，插的虽不是真花，但可取意“妙笔生花”。

“植笔簪花无不可，一家声应本相依。”（声应：即声应气求，意思是同类的事物相互感应，比喻志趣相投的人自然地结合在一起。）

都说青瓷似玉，釉厚的官窑最具玉质，乾隆曾命玉工以和阗玉仿官窑试样雕琢了一件青玉双环瓶，当然也是用来插花的。

总之，这些古瓷器火气全消，色泽沉稳，都成了乾隆的文房雅玩，乾隆觉得这比李白那时候用来装酒要强得多。

只是这些好东西，乾隆也实在欣赏不过来。在大内、御园的各处书室里，这些宋瓷就摆在几案和多宝阁上。有些地方乾隆都差不多十年没来了，一切东西都久置在那里：

“陈列檀橱不计年，把看古穆越龙泉。”（古穆：古朴凝重。）

偶一到访，见到一件官窑方瓶，连乾隆自己都感叹“见之如遇故人！”

“北定州陶佳制多，白如脂玉未经磨。”

定瓷，北宋时期烧制于定州，故名。定瓷色白无彩又称粉（白色）定，有着似白玉的特点。但定窑在宋代地位不高，因其有“芒”，宫内不用。这个“芒”有多种说法，一说釉色太白亮，有光芒。二说有芒口，因定窑瓷器是覆烧，碗、盘都是反扣过来烧，口沿都露胎不施釉。定窑烧制器型颇多，比如宫廷里还收藏了多件定窑娃娃枕。枕头终究是没有覆烧芒口的，所以乾隆还是认为定瓷的“芒”是指太白、太亮，有火气。

“岁久光芒销以尽，希珍今亦口镶金。”

到了乾隆朝，七八百年下来，这些定瓷釉面的火气早已褪去，盘碗的芒口又多以铜或金镶其口沿。

宋人苏轼在《试院煎茶》诗中曾写有“定州花瓷琢红玉”一句，说是定窑花瓷像雕琢的红玉。首先，流传下来的定瓷并没见有各种花色的，但定瓷有暗花，即胎体上隐起的堆花或印花装饰（有各种纹路，并非只是花卉图案），就如同玉上的雕刻，这应是符合花瓷的称谓。比如这件定瓷碗：

“簇粉堆花双凤蕤，色惟殷尚朴无奇。”

定瓷没有过带鲜艳颜色的，苏东坡说红定瓷像红玉，更是让乾隆不解：“定窑皆白从无见他色者，东坡诗云定州花瓷琢红玉，岂当时原有各色者乎？”在我们现在看来，如果苏轼原诗写的是定窑花瓷琢“如”玉，那就好解释多了。

“和阗玉易琢，获此却难乎？”（此句指定瓷传世不易。）

乾隆常拿它与和阗脂玉相比，定瓷色白、有暗花，这些特点像雕琢的和阗脂玉多少还是说得通的。乾隆曾选了一件定窑碗去配一件古玉碗托，原配玉碗早已遗失了。结果定瓷碗足和玉托子孔还正合适，就如同原本两件失散的器物，又复合了一样。乾隆很满意，专门写了首诗叫《古玉碗托子配以定瓷碗适然成咏》。

可关于定窑红瓷的事，还没完，宋人邵伯温《闻见前录》记载宋仁宗在其张贵妃的宫内也见到过定州红瓷。似乎当时确有定州红瓷？乾隆又不禁犯嘀咕：“然何以今时白者不乏

清　张为邦《岁朝图》

流传，而红者即髻垦薛暴之脚货，亦绝不一见耶？岂当时不过偶一陶制，后遂禁止不作？”除了白色的定瓷，其他色的定瓷都是个谜。高濂所著《遵生八笺》中还说定瓷曾有紫色和黑色的，那也仅是空传。

“官汝之次称宣成，世代愈降制愈精。”

随着社会手工业水平的发展，瓷器的生产越来越完备，宋瓷之后值得称道的就是明代宣德、成化年间的瓷器了（宋瓷只分窑品，所以用官、汝等窑址来区分，至明代瓷器上始注纪年，有了宣德瓷、成化瓷等等）。

“朱明去此弗甚遥，宣成雅具时犹见。”

明宣德时期的霁红釉、霁蓝釉，成化年间的五彩都堪称精品。宫廷中也多有收藏。

“世上朱砂非所拟，西方宝石致难同。插花应使花羞色，比画翻嗤画是空。”

受到这么高评价的是明初宣德霁红釉瓷，它颜色鲜艳，与宋瓷的雅致有了鲜明对比。

“数典宣窑斯最古，谁知皇佑德尤崇。”（宣窑：指明宣德朝烧制的红釉瓷；皇佑：北宋仁宗年号。）

前面说过宋人邵伯温的《闻见前录》里有记载，早在宋仁宗时宫廷里已收有定窑红瓷，但后人谁也没见过遗物。所以宣窑红瓷烧制得这么成功可以说是首创。明初宣德时期的霁青、霁红等各色釉瓷已卓有成就，为明中后期彩瓷的全面发展奠定了基础。

“寒芒秀采总称珍，就中鸡缸最为冠。”

从“寒芒”的宋瓷到“秀采”的明瓷，都是瓷器界中的

清 《胤禛妃行乐图》

精品，而明瓷中的代表就是著名的“成化鸡缸杯”。

“牡丹丽日春风和，牝鸡逐队雄鸡绚。金尾铁距首昂藏，怒势如听贾昌唤。”（牝：雌性；铁距：指鸡爪；昂藏：形容精神饱满、仪表雄伟的样子；贾昌：唐玄宗时的驯斗鸡高手。）

无论制胎、绘画、设色还是构图，以鸡缸杯为首的明代彩瓷又开创了一个新的时代。

“底论越州及汝州，朴无矩度有神遒。恰同高士倪迂画，不以工求以韵求……近代宣成非不美，惜如文体递精工。”（倪迂：指元代画家倪瓒，其画法疏简，格调天真幽淡。）

宋瓷和明瓷，虽时代不同，风格迥异，但它们的雅致和精工各领风骚。

这不，乾隆又撮合好事儿了。要说宫里的碗托是真多！有件宋瓷托子配套的碗也遗失了，于是乾隆给找了件明宣德红瓷碗，温净的天蓝配鲜艳的赤红也是很搭的哟！乾隆很满意，专门写了首诗形容它们像蓝天和彩霞：

“青拟天蓝蔚，红洵霞赤侵。”（洵：诚然，确实。）

对宋瓷的仿制在明代就有了，雍正、乾隆时期景德镇御窑厂更是盛行仿制宋瓷。

“铁足腰围冰裂纹，宣成踵此失华纷。而今景德翻新样，复古诚知不易云。”

“赵宋青窑建汝州，传闻玛瑙末为油。而今景德无斯法，亦自出蓝宝色浮。”（传闻玛瑙末为油：明代《六研斋笔记》记载说：汝窑用玛瑙为末作釉，当时止御供，殊不易得。）

乾隆朝的制瓷业已达到自古以来的顶峰，想仿古仿古，想创新创新。但乾隆却始终保持着对瓷器雅致的那份仰慕，无论时期，不分釉色。

“何必宣成寻旧器，越窑新样煮三清。”

乾隆在重华宫茶宴时曾以雪水烹茶，沃梅花、佛手、松实，啜之名曰“三清茶”，并记之以诗。他命两江陶工做茶瓯，环系茶宴御制诗于瓯外。乾隆觉得用这种三清茶杯品茶致为精雅，不让宣德成化旧瓷也，茶宴后每以此赐文臣。

“官汝称名品，新瓶制更嘉。随行供啸咏，沿路撷芳华。”

本朝的挂瓶这一种，乾隆也特别喜欢。挂瓶以胆式和纸槌式为最佳，它的造型是正常器型由上至下从中间剖开，瓶只一半，瓶背为平面。挂于居室内的可称壁瓶，挂于车轿中的可称轿瓶，它们的功能一样，都是用来插花。

北宋　定窑孩儿枕

二十九

乾隆与玉器

对“不俗”雕工的追求

乾隆好收集古玉，当朝也制作了大量的和阗（今和田）玉器。乾隆二十五年，天山南北平定之后，大量的新疆和阗玉料被开采，春秋期间以岁贡的形式进入宫廷。这些玉料分为水产的子（籽）玉和山上开采的山玉。

“冈出质多笨，水捞品最精。”

“和阗玉石子，出水润如脂。”

子玉是山上风化脱落的玉料，落入河水后，经常年冲刷磨蚀而形成。子玉质美，但都是小料。反之，山玉材质大，却多杂石性，精粹程度上不如子玉。现故宫珍宝馆展出的乾隆朝大型山玉玉器，从外观看有的地方有绺裂，有的地方石性比较重。

“和阗采玉春秋贡，小者毡包大辇送。”

“取之川者岁为常，采诸山者实偶致。”

从产量来说，子玉采集较易，大型山玉并不多得，因为开采和运输都比较困难。像宫中为了制造特磬，派专人采得三千余斤重的大玉，先通过冰面拽运，后再用大车运至京师。

“印度良工夥，水磨佳法存。”（夥：多。）

除了新疆和阗玉之外，痕都斯坦玉器是宫里玉器收藏的另类。乾隆对其有着别样的喜爱：“痕都斯坦葱岭外之大国，在叶尔羌疆外西南千余里，其山脉亦衍自昆仑，地多巧匠，水磨制玉尤为精妙。”当时中原地区将“印度”译为“痕都”。

“薄过刻片楮，轻喻举毛鸿。”（片楮：指纸。）

“看去有花叶，抚来无迹痕。”

痕都斯坦玉工用水磨磨玉，用工省而制精。痕都斯坦玉器看上去雕刻的花叶分明，抚之却无痕迹，乾隆惊奇地称之为“材美工巧是为兼之！”乾隆常命将回部岁贡的苹果、石榴、木瓜这三种水果，放到痕都斯坦玉盘中陈设，曾有宫廷

清　青玉召夫鼎

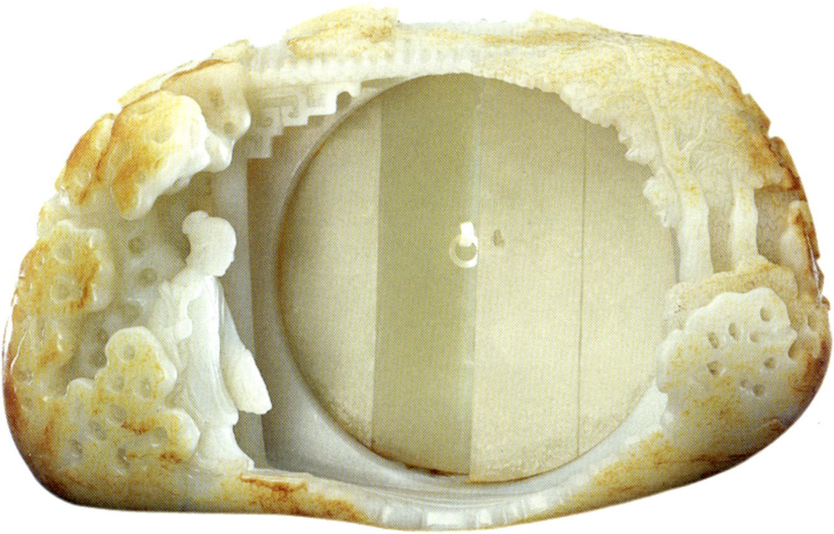

清　桐荫仕女图玉山

画师将其与乾清宫西暖阁几案上虎镦（镦：古青铜器。）内所供之吉祥草同绘为“岁朝图”。

反观内地的玉器雕工，却常被乾隆批评为“制器俗而工弗细”。

新疆虽产良玉，却没有好的雕刻玉工。好玉工都在南方，特别是苏州专诸巷一带。玉工们爱惜玉材，舍不得浪费料，因为玉器质量越重获利越丰厚，他们往往就玉之形似制为新器物，再在表面通过繁缛的雕刻来炫耀其雕工。乾隆指出了内地玉雕行业这一最大问题，就是俗，“俗手、俗制、俗巧！”，乾隆说玉工争为新样，越新越俗，他一概斥置。

“俗手好翻新样奇，顿教琼玖价增卑。”

《桐荫仕女图》油画屏风

乾隆曾得到一件雕刻得非常繁缛的玉器，上面裁花镂叶，有着特别纤巧的雕工。但像这种器型没有来源和出处、纯粹为了炫耀技艺的产品，乾隆直接就命玉工磨去原图案，重新雕刻。

那在乾隆眼里怎样才能算不俗呢？

“玉尤白斯贵，制尤素是珍。弗施华藻饰，足尚琢追淳。”

乾隆的要求是：玉质好是一，雕工雅是二。玉的品质可控，但雕工的雅制要如何做到呢？

“琢玉作今器，范铜取古型。”

内地玉器制作的出路就在这里，乾隆指出来了，他让玉工照着形制古雅的三代（夏商周时期）器物或山水名胜图去开发和创新。

“玉工俗巧知无用，琢此商尊效祖丁。”（祖丁：商代的祖丁尊。）

“专诸易俗制，绘事肖仙图。”（仙图：此处指《蓬壶仙侣图》。）

像“祖丁尊”“凫鱼壶”“召夫鼎”等玉器器型皆仿商周时古器型。还有大小不一的各种玉山子，比如大型山料制作的“丹台春晓图玉山子”“栖霞图玉山子”等，乾隆均要求摹仿宫内旧藏名画或他认可的本朝画师作品中的山水形胜来创作（乾隆朝宫廷文人的山水画也多传承古意，现故宫珍宝馆展出的“秋山行旅图玉山子”就是以乾隆朝宫廷画师金廷标的画作为蓝本而雕刻的）。总之在乾隆看来，这样以古式为宗就不会俗，这叫作“弃巧俗而从朴雅”。

“法图述姬室，巧制异痕都。”（姬室：指周朝。）

只有按着这条制玉的思路走，才能和痕都斯坦玉器有得一比。玉工们于是开始大量的仿古器型、仿古图画来进行创作，其实这样玉工们也可以牟利，皇帝引导的潮流，销路差不了。风格转变之快之彻底，让乾隆本能地又产生了警惕：

“所好人从速，亦因心惕吾。”

内府玉匠雕刻完成一件皇帝喜欢的“龙尾觥”不久，苏州玉匠就开始纷纷效仿制售。就连痕都斯坦玉工都不能免俗，乾隆收到一件痕都斯坦玉盂，发现它竟是参考了《西清古鉴》（著录清代宫廷所藏古代青铜器的大型图录）里的商周青铜器的器型。韩非子说过“盂圆水圆，盂方水方”，乾隆反思：“人君意之所在，而趋响甚速，从违之机亦不可不慎也。”人君的好恶是不是别表现得太明显呢？

“石渠古轴传治水，装潢边幅失姓名。”

现今珍宝馆里的“大禹治水玉山”就是乾隆下令以内府所藏《大禹治水图轴》为蓝本雕刻的。但此图收入内府之前边幅俱似裁去，故无作者姓名。乾隆想通过画风来查证出此

青玉　大禹治水玉山

图的作者：《宣和画谱》中记载晋人顾恺之画过《夏禹治水图》；在郭若虚《图画见闻志》中记载有隋人展子虔及五代朱简章《禹治水图》。但把内府所藏以上画家的《洛神图》（顾恺之）、《游春图》（展子虔）、《后赤壁图》（赵伯驹）一一和《大禹治水图轴》对比，绘画的笔法都不像。倒是和五代画家周文矩的《圣迹图》画法有相似之处，乾隆依此推断或许是周文矩所画也未可知。

"画图岁久或湮灭，重器千秋难败毁。"

这件七尺高、三尺宽的重器，完工于乾隆五十二年。此巨型玉料来自新疆，当时新疆地区平定已近三十年，每年春、秋采玉以供朝廷。乾隆获此巨珍以传禹王圣绩，同时也使自己平定天山南北的"圣绩"随同这一重器得以流传。乾隆还因此免去每年和阗春贡之玉，著为令典以示体恤。

"相材取碗料，就质琢图形。剩水残山境，桐檐蕉轴庭。女郎相顾问，匠氏运心灵。"

宫内收藏的名作"和阗玉桐荫仕女图"玉山子，本是一块玉挖掉中间部分做了玉碗，苏州玉工是真惜料啊，他们把周边剩余下来的玉料，依其形制，仿宫廷里的油画《桐荫仕女图》，巧妙地创作出了这件经典作品。玉山子雕刻得栩栩如生，在假山、梧桐的掩映中，有一座洞门半掩的月亮门，门旁点缀着芭蕉树、石桌凳，两位女子一里一外隔门相遇……别有一番意境。

"巧制出痕都，质高工更殊……微瑕原非玷，掩有却如无。"

玉微纹裂者为"瑕"，微点污者为"玷"。玉匠最初贪图玉器越厚重越能多卖钱，"瑕""玷"部分都舍不得割舍，这一点深为乾隆所鄙视。但其实好的玉工也会巧妙地利用这些瑕玷。比如有件痕都斯坦玉罐，有裂纹，玉工顺其纹路雕刻叶脉，如果不细观察并不知其有微瑕，乾隆称其技艺“亦精绝矣”。再比如一件和阗玉石子仕女图，玉料因为土浸有黑斑，玉工就黑处雕为仕女的“闹扫妆”，也就是女子的发髻，乾隆看了称其“亦绝技矣”。

“和阗之玉长逾尺，曲首琢作如意式。”

清代宫廷玉器除了按皇帝的指示制作各种“不俗”器型之外，还时兴制作有点“俗”的，那就是玉如意。

“处处座之旁，率陈如意常。”

在宫殿的各处宝座上都会陈放有一枚如意。金、木制的如意也有，但更多见的还是玉制的，通常还会配以柿子样的唾盂，取意事事如意，绘画作品里有时再加个百合，就是百事如意。这都是借其谐音以取意吉祥。

“因名譬字取义巧，百事同希如意好。”（譬：比喻。）

有的如意头上雕琢两条鲇鱼，则是“年年如意”，这是过年用的；有的雕有寿桃，自然是祝寿用的；雕有双“喜”字的，那就是大婚用的；雕个蝙蝠那就是把福气也沾上了。

“如意莫识其所始，以为代语制吉语。”

乾隆研究过“如意”的来历说：如意之名不见于六经（指先秦古籍），盖始自内典（指佛经），而胜制自六朝（中国历史上南方的六个朝代：东吴、东晋和南朝的宋、齐、梁、陈）。

“执尤宜岁首，咏祗祝年丰。”

无论前朝如意的来历如何或功用如何，到了明清时期，如意这一器物就是逢年节、庆寿之时作为帝后、皇亲贵戚互赠的礼品，在皇帝的人像画或皇家的岁朝图中也常会看到皇帝、后妃或内侍手执一柄如意，都是取其美好的寓意。

“何不为圭或为璧，薄古趋今人情适。”

古今制玉的喜好差别很大，古玉的传统器型大多非圭即璧，当下就绝不时兴这类器型了。乾隆把玩着一件本朝的“白玉云龙如意”琢磨着，基于当下的社会生活环境，今人和古人喜好自然是不同。但乾隆也喜好收藏、鉴赏古玉，并参照大量的古籍文献做些研究。比如乾隆得到一件玉圭，《周礼》中称大圭乃天子上公所持，长三尺，但乾隆见到这件并非如此。又《礼记》中记载：大圭不琢，此圭无刻饰倒是符合。

“非谷非蒲别制，是肉是好差殊。”

圭和璧这种器型是古玉中常见的。玉璧通常上刻有谷纹，即小颗粒凸起的纹饰。或者刻有蒲纹，即草席一样的纹饰。玉璧中心还有或大或小的孔，中心的孔被称作“好”，玉器的实体则称作“肉”。

乾隆还得到过圭璧二合一的：

“一圭著璧未前闻，应为春官误会文。”（春官：指《周礼·春官》，它记录了古时礼制、祭祀、历法等事。）

这种器型非常少见，此器中心为璧，上下两头露圭。乾隆认为这类器型是玉匠根据文献记载，加上主观臆测而创作出来的器物。只是上面土沁非常厉害，让人看起来联想是件千年古物。古玉出土时因受环境影响都会有“沁”，这种深浅浓淡不一的沁色也是古玉审美特色之一。

“向为土浸率古器，今始识有阴阳异。阴土浸实出佳城，阳土浸自和阗至。皮相华斑乃若同，入骨阳浅阴深致。”（佳

青玉　谷纹璧

城：坟墓。）

乾隆对古玉的断代、沁色和造型等方面都有他自己的见解，他了解到古玉的土沁，或来自坟墓（后天的），或来自山中（先天的）。

“出土黄浸满，近铜绿渍坚。”

有一件“汉玉合卺觥”在出土时通身黄色土沁，一侧有青绿的铜锈色沁，乾隆推测玉觥埋藏的时候它的位置可能贴近铜器。因此靠近铜器一侧受铜锈所蚀染，受沁成青绿色，且是坚固地附着于玉器表面。

“是皆缘外染，亦必因有瑕。”

“此独留本色，因何全至今？”

乾隆不断地收集古玉，发现“凡玉因有瑕，然后外浸入之，岁久遂如一耳”。

古玉有沁染是常态，偶然得到一块没有沁染的白玉谷璧，乾隆心下还挺吃不准真假。

“制犹古略土华滋，细睨颇兼烧染为。莫怪由来半真假，世间何事不如斯。”

在清代之前，已有做伪玉者。“染玉之法亦有其道，今之伪为者，率以油渍，与圬者圬墙了无以异。”意思是说，古代匠师染玉的手法很讲就，有专业的技法和工序，虽然是后染的玉，但也传了数百年了。而不像本朝就如同泥瓦匠抹墙一样。尽管乾隆研究了古籍，对照了实物，还从专业的玉工世家那里学习到些经验，但他毕竟不是做专业鉴定和断代的，这些古物的真真假假，他有时也很无奈。

“千年土气受而入……抚之光润不留手。”

乾隆也会展示一下自己的学习经验，他将“留手”的触感作为判断沁色真伪的依据。乾隆在把玩玉器时，若无“留手”感,则会将其作为鉴定是真沁色的重要依据。若产生“留手”感，则会疑其为染色。

“经火无伤润，贮花恒吐芳。堂谿谁补底，足以戒无当。”（堂谿：指堂谿公智劝韩昭侯的故事。意思是说，说话嘴得有把门儿的，别没个底儿，什么事都说出来。）

乾隆书房里有件汉玉瓶，局部有火烧过的痕迹，他说：“虽有瘢痕，仍含温润，非成器后市贾伪造。”而瓶底玉色则和整体不一致，估计是后人补制而为。但也没关系，“物贵适用”，有底比没底好，有底正好可以插花。

清　张宗苍《弘历抚琴图》

三十

乾隆与画师

对画作神韵的珍视

“平生喜图画，谓是足神趣。佳境率传真，以识心所慕。”

除了宫廷收藏的青铜器乾隆没把自己的诗题上去，其他像瓷器、漆器、玉器或多或少乾隆都有题诗。画作篇幅大，上面诗更多，特别是山水画。清初的官员梁清标，乾隆称其“最为赏鉴家”。因为乾隆朝宫内收藏的历代书法名画，梁清标之前大都收藏过，同样是鉴赏和收藏，梁清标只在书画上钤“观其大略”等私印而已，而乾隆则开玩笑说自己：

“然予却未忘拈句，名画输他印识梁。”

画卷的留白处，成了专门给乾隆预留的题诗处。历代名画都有乾隆的题诗，像《千里江山图》《富春山居图》《游春图》《五牛图》等等，但他并不厚古薄今，对当朝的佳作亦不吝称赏，并予以支持肯定。那些画师也受到了皇帝的重视。

“艺苑于今谁巨擘，中吴宗苍真其人。”

张宗苍，江苏人，他在乾隆十六年皇帝南巡时献画而得到赏识，从张宗苍称旨入宫供奉到去世，只有短暂的四年多宫廷画家生涯。但如果以《石渠宝笈》（乾隆年间著录清内府所藏历代书画藏品的巨著）收入画作数量的多寡，作为乾隆喜爱程度来判断的话，那么张宗苍名列第一。

张宗苍擅长山水画，他继承了正统派宋、元南宗大家的画法，特别是山水画中的皴法，效仿元代著名画家倪瓒、黄公望、王蒙等人。张宗苍曾在自己名为《仿倪瓒笔意》的画上题识："设云林（倪瓒的号）见之，未知其首肯否也？"倪瓒首肯否虽然不知，但乾隆是很认可的：

"从来诗画要法古，不贵形似贵得神……泼墨作此山水幅，倪耶黄耶且漫论。"（倪黄：指元代著名的画家倪瓒、黄公望。）

张宗苍画作中的佼佼者正是一幅名为《山水画》（又称画山水）的作品，此画乾隆前后题咏十三次，并在画正中山石的留白处题写了一个大大的"神"字，还钤上了"古稀天子"玺印。

"杜老传名语，曰惟能事迟……忆前看画就，曰气韵来时。"

杜甫在《戏题王宰画山水图歌》中提到说，唐代画家王宰绘画时，从不会贸然动笔，你也不能掐时间催他，他要经过酝酿后才开始作画。张宗苍也是这样，乾隆曾亲览张宗苍作画的过程，回忆道："每观宗苍画，问成否？曰气韵未至，少旋曰气韵来，则画就矣。此最得画法三昧（诀窍），庸史不知此也。"

除了气韵之外，张宗苍作画还有个标准："然峰峦之向背、径路之曲折、林木之当疏当密、村落之或聚或散，皆有一定之理，不可草率，深当讲究。所以古人作画，必有蓝本，可免龙脉不顺、径路不通之病。"

乾隆看了张宗苍的画，觉得画中隐现的山路、高士的茅屋，总能使人产生身入其境的浮想：

"曲折云林皆可入，高低涧道讶才跻。"（跻：登。）

"只恐衡门彼作者，林居却悔未曾深。"（衡门：隐士的居所；作者：最初的人。）

乾隆自己还真进入到这画中去了，他化身成了张宗苍山水画中的汉装隐士。许多画师都给乾隆画过汉装像，现故宫博物院藏有乾隆汉装像近二十幅。张宗苍那幅名为《松荫消夏图》（亦有称《弘历抚琴图》），由张宗苍画山水，再由郎世宁画皇帝本人。这里顺带提一下郎世宁，他本为意大利传教士，入宫为画师。乾隆称其画法为“西洋凹凸法”，郎世宁将西洋的明暗、透视法融入了中国画的技巧，自创一格。乾隆称赞郎世宁“写真无过其右者”，但同时又说郎世宁的画“似侧似矣逊古格”，也就是说你画得虽然很像但是格调比不上古人。

再回到皇帝对汉装像的喜好上来，乾隆专门声明了：

“谓宜入图画，匪慕竹皮冠。”（竹皮冠：指戴竹皮冠的乡野之人；匪：不。）

说这些汉装像只是为了画画的趣味而允许这样创作，他并非真的贪恋那种生活。

“宗苍供奉内廷日，选壁令图不解珍。今率装池更题句，从来当面失其人。”（选壁令图：指张贴在墙上；装池：装裱古籍或书画；失其人：指在意的人已过世。）

张宗苍生前大量的作品被用作贴落画，即张贴在内廷或御园书室内的墙壁上，装裱简单随时可贴，随时可落下。后来张宗苍以病辞归，南下回老家不久就去世了。“斯人绘事自今稀”，乾隆开始“爱咏宗苍画”，在宫内外搜索他的遗作，并重新揭裱成轴，当然更少不了补题诗句：

“耕者驱牛渔弄船，四民生计自勤虔。宗苍画具治安策，

清　郎世宁《平安春信图》

何事未题经许年。”（治安策：指画中体现社会稳定、人民乐足的状态。）

“行路何须叹苦辛，满山红叶绝胜春。静观一笑两闲者，若个而非逆旅人？”（若个：哪个；逆旅：客舍、旅店。大家都是匆匆过客，比喻人生短促。）

张宗苍的用笔传神，乾隆诗句中除了对画的溢美之词外，他本能地从自己的角度引申出了为政和人生的感悟。

“淡真最爱宗苍画，搜索应教概遍吟。”

皇宫大内的宗苍画渐渐已被乾隆搜题殆尽，后来偶尔在清漪园（今颐和园）的养云轩发现一幅，乾隆却是喜忧交加：

“如探胜到幽穷处，将谓无多意转长。”（探胜到幽穷处：找寻到幽雅的胜地。）

乾隆之于张宗苍一直有相见恨晚之感，他曾以汉武帝想要重用老臣冯唐这件事来做比喻。汉武帝登基时冯唐已经九十多岁，无法为君王服务更多时日了。张宗苍也一样，从六十六岁入宫到因病辞归不过才短短的四年，但他画作中的神韵却持续焕发着光彩。

“成画之时人未识，兹看画似识人时。人乃去矣画仍在，一切有为幻若斯。”

宗苍去世近三十年后，七十多岁的乾隆有一次在避暑山庄端详着张宗苍的《仿黄公望山水画》，“今观其画如睹其人，而其人久已作古矣”。再一看落款——乾隆丁卯，宗苍入宫是在乾隆辛未年，这还是他入宫之前画的呢。

“宗苍南去人成古……自有不亡者恒在……”

乾隆对其画做出了很高的评价。

清　金廷标《群婴斗草图》

金廷标，浙江人。乾隆对于金廷标的感觉像极了张宗苍，他是在乾隆第二次南巡时因献画而得到赏识，此时张宗苍刚去世不久。金廷标于乾隆二十二年入宫服务，直到乾隆三十二年去世。

“廷标画与张照字，见即付之装裱珍。试问其长在何处，精神贯久视如新。”（张照：历经康、雍、乾三朝的官员，擅长书法。乾隆说“向爱张照书，凡屏扆殿壁间长帧巨幅多其奉敕书者”。乾隆也曾以张照所书对联配张宗苍画。）

最初金廷标的画作也像宗苍画一样曾在内廷、御园各处室内张贴。但画风上两人却是不同，金廷标擅画白描人物，人物与风景结合得也很好。他画的人物不是前人精谨端丽的宫廷人物画风，而是颇具市井风情，再加上画中巧思安排的叙事情节，使得金廷标能在乾隆朝其他宫廷画家中脱颖而出。

《嗜酸图》是一幅张贴在养心殿西次室过道中的金廷标巨型贴落画，画上真人般大小的三位白衣儒生正站在青梅树下：

“铿嚼青梅下咽难，流涎唇哆复眉攒。区区哪管旁人笑，白苎儒生本嗜酸。”（铿嚼：嚼出了声音，意指青梅太过酸涩；白苎：白衣。）

看金廷标的人物画就要多关注画中人的眉眼，他画人的眼神和头部动作别具一格，看这一个个书生让青梅给酸的，眉眼间分明就是一个大大的“囧”字。那副穷“酸”像，让乾隆看的也忍俊不禁。

《江村图》特别热闹，金廷标画了一群淘气的顽童，他们打翻了卖螃蟹的篮子，螃蟹惊慌地四散横行，孩子们蹦跳着开始哄抢……

“旁行郭索如逃军……获者喜走失者窘。螯伤足者呱涕痕，蟹翁瞪目徒怒嗔。七情毕写皆得神，顾陆以后今几人。”（郭索：螃蟹爬行；顾陆：东晋画家顾恺之与南宋画家陆探微的并称。两人的人物画得是栩栩如生。）

金廷标画的人物就是这么传神，背后的故事情节又是那么的生动有趣。乾隆给予了很高的评价：

“绘事不难难得神，精描粗写每超伦。足称世画无双画，可惜斯人作古人。从兹遇迹须题句，哂我徒殷过后珍。”

金廷标的去世，乾隆很是惋惜。可就像当年对待张宗苍一样，乾隆觉得自己真有意思，怎么都在人家离开之后，才倍感珍惜呢?

金廷标的《罱泥图》是乾隆后来搜集时偶然看到的。罱泥就是用形如蚬壳的工具挖河泥：

“村民挐舟各罱泥，用之粪田利斯厚。河去其淤田受肥，一举两得事非偶。佳哉民自为生计，勤劬劳苦所甘受。”（挐舟：撑船；所甘受：指乐业；劬：勤劳。）

金廷标将百姓的劳作情境体现得生动而饱满。整幅画表现出了百姓安居乐业、社会繁荣稳定的景象。乾隆本能地又有了感悟：

“工执艺谏诚堪取，遂命装潢举石渠。”（石渠：即《石渠宝笈》，著录了清廷内府所藏历代书画藏品。）

工执艺谏指的是有些古代画家，在巧妙的作画同时，能运用特殊的立意，来隐喻为人之道甚至帝王的治国之道，委婉地向君主进谏。乾隆在欣赏这些画师们的作品同时，除了叹服其精湛的创作技巧，更加会挖掘出这其中的“画外之意”。这也是为什么乾隆对这些逝去画师的作品倍加珍惜的原因之一。

乾隆出行时，面对中原大地的名山胜水是由衷的欣喜，许多胜境纵目望去就好像一幅画，所以他身边的画师有一项重要的工作就是将这些景致画下来，日后他“妙迹频教相印证”。像金廷标的《秋山行旅图》就是陪皇帝去热河时,乾隆命他“绘路间目击之景以进”。和金廷标一样的还有皇帝身边的词臣们，他们有些还是父子、兄弟相继为皇帝效力，传承作画。比如董邦达、董诰父子，张若霭、张若澄兄弟，他们既是皇帝身边陪驾的官员，同时也是善于山水画的高手。

“镇海图雪景，埙篪伯仲唱。台怀图雪景，桥梓前后望。”（埙、篪：两种乐器，比喻兄弟；桥、梓：两种树名，比喻父子。）

去五台山的时候，乾隆曾命张若霭、张若澄兄弟先后为图，绘镇海寺雪景，后董邦达、董诰父子曾先后分别扈从乾隆入五台山，还都赶上了降雪，乾隆也命他们分别创作了五台山雪景。

“寺景宜遥看，到寺无多奇。却见遥看处，纷然画景披。”

乾隆喜欢以画证境，觉得其中妙趣良多。乾隆十五年乾隆西巡五台山，远望葛洪山却无法亲自前往，但张若澄先前已经实勘绘图。于是乾隆便借此图来补偿一下。张家兄弟还是很值得乾隆信任的：

“若澄笔仗素所知，此图特妙得神髓。”

董邦达父子也一样深得器重，乾隆说“向命董邦达所画最多”，“董邦达子董诰亦习为绘事，常命其摹写雪景，颇有

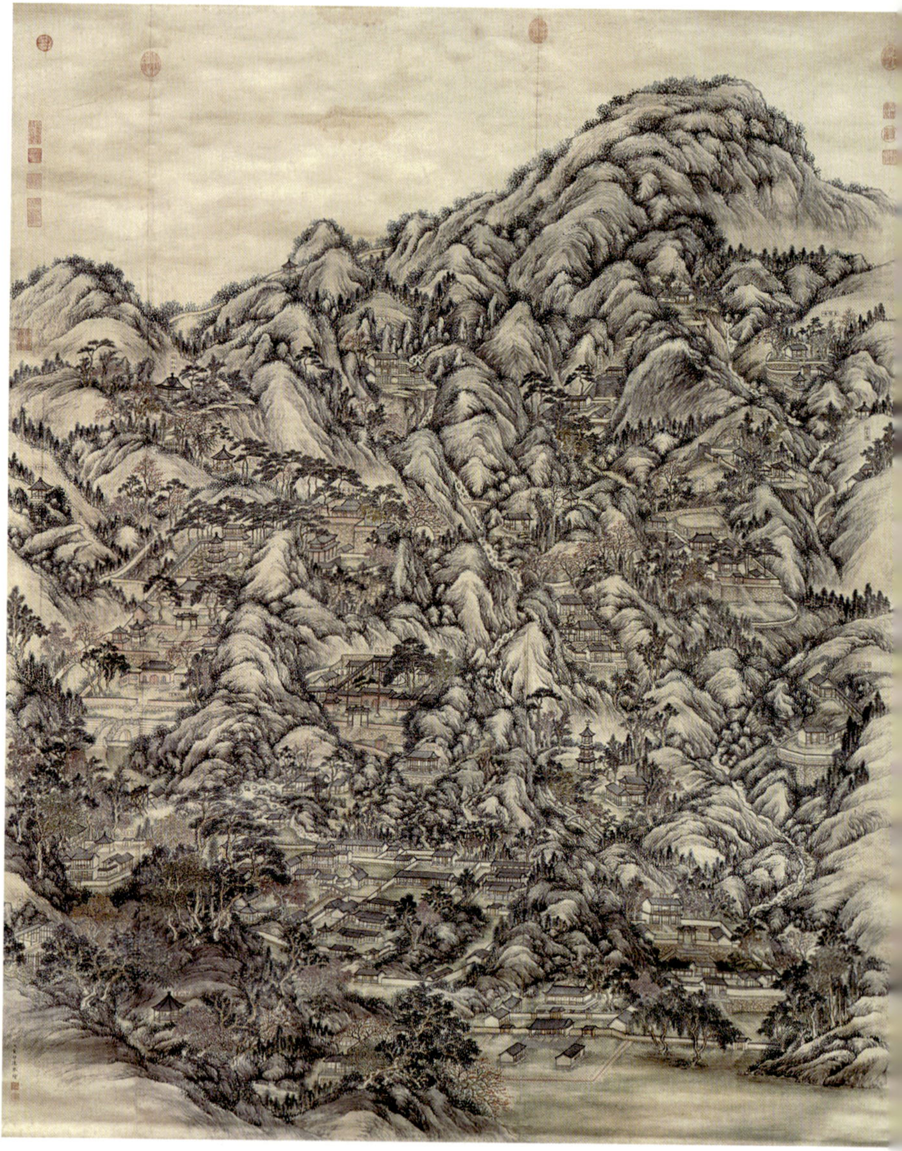

清　董邦达《静宜园二十八景图》

父风”。董诰不但学其父亲的山水画很像，后来效仿邹一桂的没骨法画花卉也很逼真。乾隆称赞其心灵手巧，还开玩笑地说他“不爱家鸡爱野鹜”（ 宋苏轼《跋庾征西帖》：东晋武将庾翼与王羲之一样都能写一手好书法，他看到自己的儿子与侄子不学他的书法改学王羲之的书法，心中十分不满，说儿子与侄儿不爱家鸡爱野鸡，要与王羲之比高低。后来他见了王羲之的一幅书法作品后就心服口服了 ）。

“向见西湖图，约略观山水。今见西湖图，曲折可详指。由来贵亲历，了然胜遥揣。不独绘事然，吾因悟治理。”

董邦达曾进《西湖各景图》，采用了实景画与文人山水相结合的做法，以供皇帝游览畅观。乾隆出行时随车都会挑选这样一些路经地方的山水画卷，有长幅大卷，也有袖珍小画，每到一处翻开画页与实景对比着欣赏。

“小幅周方不逾尺，纵目顿有千里远。”

“展当毡室千峰入，著语难分画与真。”

所以他题诗也不是轻易题的，对照认可之后，他才有感而发。

在皇帝身边做画师难度挺大，不但要实景创作，还要头脑里有货，凭空能营造出“山水胜境”。乾隆曾梦中得诗二句，命董邦达画之，董邦达这份能力早已得到皇帝的肯定。乾隆还曾命董邦达依据杜甫《返照》一诗中的两句，创作一幅诗意图。只画一幅两幅的还不行，还要成系列的。

“近作燕山八景诗，拟成长卷各图之。侍臣承旨开生面，又见岩关叠翠奇。”

皇帝有感而题写了燕山八景诗，诗他写了，画的重担自然又落到了董邦达的头上，董邦达后来依诗绘成了《居庸叠翠图》长卷。所以说乾隆是诗画不分家，有诗要和诗成画，有画要会意成诗。

董邦达的很多画也是以贴落形式张贴在各处殿堂。他去世后，乾隆看着墙上不知张贴了多久的董邦达山水画感慨道：

“不凋真树常葱郁，如活流泉自溲漩。佳迹每嗤珍过后，奇缘那重失当前。分明空白待题句，小忆西清一惘然。”

乾隆他的确是在认真欣赏和品味作品，甚至追忆一下作者。可他题诗有瘾，他也在找地儿呢！

“偶然题句书空白，亦似镌崖日以增。”

就像风景名胜上络绎不绝的名人石刻一样，对于值得欣赏的画卷，乾隆是看多少遍也不厌倦，每看一次说不准就增诗一首。

“吟成依旧蝇头写，老眼先惭昔不如……”

题大字没地方了，那就再挤一挤，写小字，直到后来，他人老眼也花了……

参考文献

（按引用顺序）

《清高宗御制诗五集》卷三十二《过清河望明陵各题句有序》

《清高宗御制诗四集》卷三十七《金川平定御午门受俘即事成什》

《清高宗御制诗五集》卷九十三《洪范九五福之五曰考终命联句有序》

《清高宗御制诗五集》卷七十一《批折》

《清高宗御制诗四集》卷八十一《御殿传胪六韵》

《清仁宗御制诗三集》卷五十一《岁御经筵》

《清高宗御制诗四集》卷十八《重华宫茶宴廷臣及内廷翰林用四库全书联句得诗二首》

《清高宗御制诗四集》卷九十三《题宋版周髀算经》

《清高宗御制诗五集》卷九十一《游狮子园》

《清实录》乾隆十四年九月壬申

《清实录》乾隆十四年十月戊寅

《清高宗御制诗五集》卷十二《上元后日小宴廷臣得句》

《清高宗御制诗二集》卷六《恭祀泰陵礼毕将回銮徘徊增慕载咏三章》

《清高宗御制诗五集》卷四十四《上元前一日小宴宗藩及诸孙曾元用乙巳年韵》

《清高宗御制诗四集》卷七十八《上元后一日小宴廷臣二律》

《清高宗御制诗五集》卷四十四《上元后一日小宴廷臣即事得句》

《清高宗御制诗二集》卷十九《诣静安庄奠酒》

《清高宗御制诗二集》卷一《敬天勤民宝四言诗》

《清高宗御制文初集》卷四《国朝传宝记》

《清高宗御制诗余集》卷八《祀灶日坤宁宫作》

《清高宗御制诗三集》卷六十二《绛雪轩》

《清高宗御制诗二集》卷四《夏至遣亲藩恭代》

《清高宗御制诗四集》卷四十七《太宗训守冠服骑射旧制》

《清高宗御制诗四集》卷二十四《阅射六韵》

《清高宗御制诗五集》卷六十八《蒙古王公进宴即席书事》

《清高宗御制诗四集》卷五十八《怀旧诗二十三首》

《清高宗御制诗二集》卷四十四《御门日作》

《清高宗御制诗余集》卷十二《不寝》

《清高宗御制诗五集》卷六十九《新正重华宫》

《清高宗御制文二集》卷十一《抑斋记》

《清高宗御制诗四集》卷二十七《仲春玉泉山》

《清高宗御制诗五集》卷一百《嘉平月朔开笔叠癸丑韵》

《清高宗御制诗四集》卷六十一《建福宫题句》

《清高宗御制诗五集》卷九十二《颁朔日作》

《清高宗御制诗五集》卷九十六《恭谒泰东陵》

《清高宗御制诗四集》卷三十三《宁寿宫落成联句召大学士及内廷翰林等至重华宫茶宴即席成什》

《清高宗御制诗余集》卷六《至避暑山庄作》

《清高宗御制诗五集》卷九十二《戏语》

《清高宗御制诗余集》卷二十一《八月初九日作》

《清高宗御制诗余集》卷二十《望捷》

《清高宗御制诗四集》卷七十五《咏定窑素鍑》

《清高宗御制诗五集》卷八十六《咏定窑盌》

《清高宗御制诗五集》卷三十六《咏痕都斯坦海棠式玉盃》

《清高宗御制诗五集》卷八十七《咏和阗白玉碗》

《清高宗御制诗四集》卷八十一《咏和阗绿玉龙尾觥》

《清高宗御制诗五集》卷九十六《咏和阗玉刻蓬壶仙侣图》

《清高宗御制诗五集》卷十九《咏白玉如意》

《清高宗御制诗四集》卷九十四《再咏痕都斯坦玉罐有序》

《清高宗御制诗四集》卷八十二《题和阗玉石子仕女图》

《清高宗御制诗五集》卷二十三《咏汉玉辋头瓶》

《清高宗御制诗三集》卷四十八《西湖行宫八景重咏领要阁》

《清高宗御制诗五集》卷三十一《题张宗苍画》

《清高宗御制诗四集》卷八十八《题画》

《清高宗御制诗三集》卷三十一《命金廷标摹李公麟五马图法画爱乌罕四骏因叠前韵作歌》

《清高宗御制诗三集》卷三十五《集张照春联字为春朝吉语得诗十首有序》

《清高宗御制诗四集》卷三十三《题董诰五君子图叠旧作韵》

《清高宗御制诗四集》卷十一《题董邦达山水册竹坞晴雪》

《清高宗御制诗四集》卷十四《题董诰花卉册白莲》

乾隆皇帝御制诗选

《读杜子美集有感》

男子妒名禄，女子妒颜色。
古今坐此病，几丧人家国。
不惟庸众流，英才每被惑。
卓哉少陵翁，独能秉谦德。
当时言诗者，非甫则云白。
观其寄李诗，自谓如不及。
其实菽粟言，何用夸奇特。
兹人嗟已往，谁得其正脉。
独嘉不伎心，永言以为式。

《鸡卵》

无鸡卵不生，无卵鸡不成。

循环谁为始，倩彼鸡卵评。

（循环谁为始：我们现在调侃的先有鸡还是先有蛋，乾隆也曾纠结。）

《往复曲》

一喜未必生百喜，一愁定将生百愁。

由此往彼每觉迟，由彼返此每似遒。

以贫致富高山仰，以富致贫水下流。

从少至老非远期，从老还少无良谋。

改恶迁善花茁冬，变善为恶叶落秋。

自乱臻治峻岭车，忽治蹈乱顺水舟。

《乞巧吟》

小巧害其身，大巧害及人。

倏忽凿混沌，反以丧天真。

五音令耳乱，五色令目昏。

离娄与公输，技也宁足论。

彼巧如何求，得失亦已分。

况其不可求，跪拜何纷纭。

今夕乃七夕，瓜果良具陈。
中庭供星象，河鼓与天孙。
再拜前致辞，欲言还逡巡。
惟愿乞大拙，犹可守吾纯。

《夜静观书》

看书如看山，其境日日殊。
随境不会心，多闻不如无。
况乎辨治乱，因以别贤愚。
岂徒夸英华，言行须同符。
念予志学时，所慕君子儒。
诗亦尊李杜，文亦宗韩苏。
要归践履实，圣言非我诬。
即今持治柄，岂不慕唐虞。
措行始知艰，虑为空言徒。
裁诗铭座右，庶几日警吾。

《八月二十三日恭遇皇考忌辰感成六韵》

忆昔承欢际，晨昏不暂离。
谁知风木恨，暗觉岁华移。

顾复怀终古，睽违忽已期。

圣容常在望，色养永无期。

凉露如添泪，寒云祗益悲。

西园回首处，痛剧去年时。

（风木恨：指父母亡故，不及奉养；睽违：离别；色养：和颜悦色奉养父母或承顺父母。）

《丙辰十月十六日恭送皇考梓宫至泰陵奉安隆恩殿 告祭还京悲慕如疑 呼抢欲绝 途次敬成长律 以志深痛》（节选）

枫叶初丹槲叶黄，当前触目助悲伤。

鼎湖冉冉寒空静，芦殿凄凄夜月凉。

忆断白云还杳渺，望穷碧落转苍茫。

悲怀长此增沉痛，忍别山陵路阻长。

虽是元宫未闭时，可堪无处睹床帷。

郁葱峦岫千灵护，飒沓松楸万籁吹。

仙驭渐离心未远，归鞍将去意多迟。

言旋正值称觞日，空向慈容献寿卮。

（鼎湖：帝王生前的宫殿；芦殿：帝王死后临时停放棺椁的地方；言旋：回还；称觞日：十月三十日是雍正皇帝的生日；卮：酒杯。）

《雉将雏》

行行麦垄边，见一雉将雏。

雏儿才长成，哑哑学母呼。

翅软未解飞，嘴嫩未能食。

饮啄与游翔，皆赖顾复力。

儿兮依其母，母兮爱其儿。

一朝羽翼全，那料南北飞。

有童持长竿，捕雏何遽遽。

老雉虽善飞，绕匝不忍去。

雏儿颇有智，藏伏荆棘间。

棘密难探取，顽童怅空还。

须臾童去远，老雉还来视。

母子得全活，鼓翼心倍喜。

尔童一何忍，尔雉一何慈。

孰谓天良心，人禽乃倒之。

观物可会心，抚古常自镜。

今朝忽见此，大愧中牟令。

（将雏：指携带年幼的子女；顾复：指父母之养育；遽：急；大愧中牟令：指东汉时鲁恭为中牟县令，重德化，不任刑罚。在他的治理下，儿童都知道爱及鸟兽，“雉方雏，不得捕”。）

《**长城草**》

离离长城草，晞露霏秋烟。

其下咽语虫，云中奏管弦。

埤堄久圮毁，蔓叶相牵连。

白骨缠荒根，举昔死守边。

可知牢守日，应是已失年。

（埤堄：指城上呈凹凸形有射孔的矮墙；圮毁：倒塌。）

《**密云道中望长城**》

秦时闉堞汉时山，总为天骄守御艰。

此日长城为苑囿，三秋巡狩数经还。

（闉堞：城门、城墙；此日长城为苑囿：中国自古中原地区历朝历代都在修长城抵御北方的游牧、游猎民族，但长城在清代已经成了景点。）

《**岳武穆祠**》

黄龙直抵气峥嵘，金令不行燕以南。

正可乘机事恢复，谁知虚力费经营。

爱钱切中文官病，怕死曾轻武士生。

万里长城空自坏，至今冢树恨难平。

《**即景**》

一夜西风催溽暑，半空爽气入楼台。
阴云净扫青天迥，却讶新秋陡地来。

《**冬夜偶作**》（节选）

风帘送竹音，月窗散梅影。
稍喜万几暇，敲句寒更永。
栖鸦寂不鸣，漏滴银壶静。
遥想谋利人，夜半喧市井。
设非为衣食，肯冒清霜冷。
饥溺圣人心，抚躬常三省。

（乾隆正逢冬至斋戒。他前边写的诗是“静听迢迢宫漏长，斋居暂屏万几忙”。）

《**古体诗 冬夜偶成**》（摘录）

人苦冬日短，我爱冬夜长。
皓月悬长空，翔风飘碎霜。
垂帘在氍毹，红烛明深堂。

博山炷水沉，和以梅蕊香。

敲诗不觉冷，漏永夜未央。

《览旧作志怀》

芸帷书史昔流连，今日拈毫属偶然。

剩有忧怀批奏牍，那余逸兴赋诗篇。

漏声滴尽银壶箭，香缕飘残宝篆烟。

输与昨年潇洒甚，绿窗爱月正迟眠。

《腊八日雪》

一夜同云布，凌晨散玉花。

最宜逢腊日，顿觉助年华。

麦垄从添润，梅村欲放葩。

所欣占岁稔，不为藉烹茶。

（同云：密布的阴云；岁稔：丰收；烹茶：乾隆时有用雪水烹茶的茶宴活动。）

《帝景岁暮八咏拟乐府之祭灶》

乡村腊廿四，家家祭灶王。

城中二十三，比户灯烛张。

传言辇毂百神聚，灶君奏事非荒唐。

灶君奏事向何方？九天之上有玉皇。
年年此日灶君升，云旗龙马宵翱翔。
且祝家事莫短长，为乞明年安且康。
我闻作善斯降祥，灶君直奏职所当。
天君自有定赏罚，阴氏由来费黄羊。

（阴氏、黄羊:《后汉书》记载，阴子方以黄羊来祭祀灶神，而日后大富大贵。）

《帝景岁暮八咏拟乐府之熰岁》

地炉燃松枝，续续烟缕起。
暖气满户庭，熰岁今宵是。
岂云借其煖，讵为闻其香。
但愿一家人，和气致千祥。
东邻拨新灰，西邻烧硬炭。
烟熏霭如雾，自夜达明旦。
明旦天未明，三五灿疏星。
贺年人毕至，喜气迎新正。
松枝不用添，留为今年计。
弹指又除夕，仍复供熰岁。

（熰岁：旧时年前习俗，焚烧松柏枝，使其燃烧时不冒火焰，只冒烟。这种状态称为“熰”。）

附　乾隆年表

乾隆元年	丙辰	公元 1736 年
乾隆二年	丁巳	公元 1737 年
乾隆三年	戊午	公元 1738 年
乾隆四年	己未	公元 1739 年
乾隆五年	庚申	公元 1740 年
乾隆六年	辛酉	公元 1741 年
乾隆七年	壬戌	公元 1742 年
乾隆八年	癸亥	公元 1743 年
乾隆九年	甲子	公元 1744 年
乾隆十年	乙丑	公元 1745 年
乾隆十一年	丙寅	公元 1746 年
乾隆十二年	丁卯	公元 1747 年
乾隆十三年	戊辰	公元 1748 年
乾隆十四年	己巳	公元 1749 年
乾隆十五年	庚午	公元 1750 年

乾隆十六年	辛未	公元 1751 年
乾隆十七年	壬申	公元 1752 年
乾隆十八年	癸酉	公元 1753 年
乾隆十九年	甲戌	公元 1754 年
乾隆二十年	乙亥	公元 1755 年
乾隆二十一年	丙子	公元 1756 年
乾隆二十二年	丁丑	公元 1757 年
乾隆二十三年	戊寅	公元 1758 年
乾隆二十四年	己卯	公元 1759 年
乾隆二十五年	庚辰	公元 1760 年
乾隆二十六年	辛巳	公元 1761 年
乾隆二十七年	壬午	公元 1762 年
乾隆二十八年	癸未	公元 1763 年
乾隆二十九年	甲申	公元 1764 年
乾隆三十年	乙酉	公元 1765 年

乾隆三十一年	丙戌	公元 1766 年
乾隆三十二年	丁亥	公元 1767 年
乾隆三十三年	戊子	公元 1768 年
乾隆三十四年	己丑	公元 1769 年
乾隆三十五年	庚寅	公元 1770 年
乾隆三十六年	辛卯	公元 1771 年
乾隆三十七年	壬辰	公元 1772 年
乾隆三十八年	癸巳	公元 1773 年
乾隆三十九年	甲午	公元 1774 年
乾隆四十年	乙未	公元 1775 年
乾隆四十一年	丙辰	公元 1776 年
乾隆四十二年	丁酉	公元 1777 年
乾隆四十三年	戊戌	公元 1778 年
乾隆四十四年	己亥	公元 1779 年
乾隆四十五年	庚子	公元 1780 年

乾隆四十六年	辛丑	公元 1781 年
乾隆四十七年	壬寅	公元 1782 年
乾隆四十八年	癸卯	公元 1783 年
乾隆四十九年	甲辰	公元 1784 年
乾隆五十年	乙巳	公元 1785 年
乾隆五十一年	丙午	公元 1786 年
乾隆五十二年	丁未	公元 1787 年
乾隆五十三年	戊申	公元 1788 年
乾隆五十四年	己酉	公元 1789 年
乾隆五十五年	庚戌	公元 1790 年
乾隆五十六年	辛亥	公元 1791 年
乾隆五十七年	壬子	公元 1792 年
乾隆五十八年	癸丑	公元 1793 年
乾隆五十九年	甲寅	公元 1794 年
乾隆六十年	乙卯	公元 1795 年

后　记

“我就是爱写诗！”

乾隆把他从当皇帝开始一直到退位归政，即乾隆元年到乾隆六十年，这六十年间写的诗每十二年编为一集，共集了五集，近四万一千八百首。

临归政那年他翻看这些诗集时说：

“五集篇成四万奇，自嫌点笔过多词。”

六十年，五本诗集，四万多首诗。乾隆自己都觉得多了。因为诗圣杜甫也说过：

“赋诗何必多，往往凌鲍谢。”（鲍谢：南北朝时的诗人鲍照和谢朓。）

这是杜甫用来称赞孟浩然的，意指写诗在精不在多。对于诗圣的文采和人品乾隆那是相当尊崇的。

“清词丽句空古今，一一皆从性中写。呜呼今而有其人，磬折吾当拜风下。”（拜风下：甘拜下风。）

假若乾隆能够见到杜甫，他都要恭敬地屈身如磬。

他嘴上虽然这么说：

“赋诗何必多，杜老言诚正。”

可压根儿他就没听老杜的话，乾隆写诗就像嚼了“炫迈”口香糖：

“根本停不下来！”

甚至连做梦都写：

“云时山觉淫，风处树生姿。宣付词臣写，端成画里诗。”（淫：涂染。）

乾隆“梦中得诗二句，醒而犹记，命董邦达画之，以成一章”（董邦达：乾隆朝擅长山水画的高级官员，深受乾隆器重）。

“既为太上吟应简，可奈随时景若何。”

当了太上皇之后，这位已经习惯以诗记事、以诗言志的老人家依然无法辍笔，继续坚持像汉代苏武说的那样：

“愿君崇令德，随时爱景光。”

他就这样珍惜时光，一直写下去。再加上即位前的诗集，乾隆一生写诗近五万首。能与康熙年间编纂的《全唐诗》共四万八千九百多首，一较高下。要知道《全唐诗》可是集合了唐代近三百年、两千两百余人的作品啊！

乾隆数量巨大的御制诗，其艺术成就或许与全唐诗无法相比，但其重要特色在于珍贵的史料价值。

“拈吟终日不涉景，七字聊当注起居。”（注起居：指起居注。）

乾隆写诗持续一生，国事家事，事无巨细均有涉及，就像记录古代帝王的言行录《起居注》那样翔实。阅读他的御制诗集，就像翻开一部浩繁的日记，很多有助于我们参观了解故宫的细节也在其中一一呈现。

就这样，乾隆在诗里说了他和这座城。

司俊峰

2019 年 8 月